Introduction

These puzzles are in the classic word search format. Words are hidden in the grids in straight, unbroken lines: forward, backward, up, down, or diagonal. Words can overlap and cross each other. When you find a word, circle it in the grid and mark it off the list

Enjoy!

Puzzle #01

```
B I G O T E D I V I N E
E L U N C S O C K Y C X
T L A S I N I O L R O T
O E T D T Y T O C A N O
K B A E E E A O F W V R
E R K C L S N L K O E T
N A A A H S E C P S R T
O B R F T T A F A S G C
O U K A A L E N T A I U
B M N S B E N F T C N D
S T A F D B I D S E G E
S D E C A L D E R B Y T
```

WORDS

ACNE	CONSTANTS	KRAKATAU
ATHLETIC	CONVERGING	LACED
BARBELL	DERBY	LAS
BELT	DIN	LIFTS
BETOKEN	DISPLAYING	LOIN
BIDS	DIVINE	SOCK
BIGOTED	EDUCT	
BLACK	ETNAS	
BLADES	EXTORT	
BOON	FACED	
BUM	FATS	
CASSOWARY	FEED	
	FOIST	

Puzzle #02

```
L  A  U  D  C  D  B  U  L  C  T  L
I  O  L  A  E  R  R  I  F  A  A  C
Z  D  O  R  R  E  O  O  O  R  O  O
A  O  A  S  T  T  L  L  E  M  A  L
R  C  D  A  E  K  G  M  P  U  B  O
D  K  B  U  S  N  A  O  G  B  L  R
E  E  E  Y  S  C  S  H  A  A  I  I
H  T  S  T  N  T  T  S  U  K  B  Z
O  U  E  U  W  C  I  N  A  O  S  E
P  H  T  O  O  L  D  E  W  A  K  E
S  C  S  G  D  R  L  L  R  A  E  B
F  O  S  S  Y  E  S  R  A  E  H  T
```

WORDS

AUGHT	CHUTE	GOUTY
BASIL	CLUB	HEARSE
BATE	COGS	HOPS
BEAR	COLORIZE	HUT
BESETS	COMPOST	IRREAL
BILBAO	DOCKET	LAUNDRY
BOWLS	DOWNS	LEAK
BROLGAS	DUAL	LIZARD
CAMERAL	DUSTIER	LOOSENS
CARED	FOLKSY	WAKE
CERTES	FOSS	
	GLOAT	

Puzzle #03

```
A N N E A L S E T U H C
L L U C R E P M A H G O
L I D K R A L N R E N S
U T N I A U S O N A U T
R A E H A N S I P I F I
E O C T A R A H N E J V
N E S E I L I R E G S E
E E A E I N I S T I X E
V N I T Z G O N T E R S
O I Y L N D I M G S L S
L P B U G S A K I W I S
C O F S R E P P I L C T
```

WORDS

ACE	CRUSH	HAMPER
ADZES	CULL	HEIRS
ALLURE	DIARISTS	INHALING
ANNEALS	DIM	JINN
ARTELS	ELOPES	KANA
ASCEND	EON	KIWI
BUGS	ERASING	LIEN
CHUTES	EXIT	LIMONITE
CLIPPERS	FARM	OPINE
CLOVEN	FUN	
COSTIVE	FUNGI	
	GENIALITY	

Puzzle #04

```
A  B  S  E  N  T  M  I  N  D  E  D
N  O  I  T  A  M  A  F  E  D  L  I
I  O  D  O  U  S  D  A  N  E  M  N
M  N  M  A  I  S  L  E  U  G  U  F
A  I  F  A  T  L  U  F  W  A  L  R
L  O  S  I  D  I  T  P  P  E  B  A
A  C  R  O  R  I  N  U  Y  R  H  B
N  E  E  A  L  M  C  G  U  O  A  C
E  E  H  Z  B  A  I  I  B  R  C  C
S  T  C  I  U  L  T  T  G  A  A  E
R  T  R  A  C  S  Y  E  Y  N  R  P
A  E  A  B  D  R  O  S  S  E  L  T
```

WORDS

ABLY	CUP	NOMADIC
ABSENTMINDED	DACE	
AISLE	DANE	
ARCHERS	DATINGBAR	
ARSENAL	DEFAMATION	
BAIZA	ELM	
BARGE	ETTE	
BRUIT	FUGUE	
CANS	INFIRMITY	
CEP	INFRA	
CHEWED	IODOUS	
COIN	ISOLATES	
COYPU	LAMINA	
CUB	LAWFUL	
	LESSOR	

Puzzle #05

```
C E R E A L U F M O O D
O T N E D I C C A E I A
N A D V E R B S N S C N
S R T P N T L T C L F G
C E L S G R R E I J L N
R P A I I E A N E B I I
I S U R N V C A E K M T
B A G C E H N T H E S A
E X H O E S T S P S Y E
S E D S E O G A R B S H
S M H A R B N C L A D A
R A L V E K S T U J T T
```

WORDS

AAHS	DISC	KEVLAR
ACCIDENT	DOE	KNAP
ADVERB	DOOMFUL	LAUGH
BETTOR	ENGINEEER	LEEKS
BRAHMS	ENTRENCHES	VERT
CASTANETS	ESAU	
CEREAL	EXASPERATE	
CLAD	FLIMSY	
CLINCHES	GARB	
CONSCRIBE	HAT	
CRISP	HEATING	
DANG	JEANS	
	JUTS	

Puzzle #06

```
A  V  A  L  O  N  C  R  E  A  T  E
T  J  E  O  P  A  R  D  I  Z  E  N
A  C  B  G  N  O  G  U  D  S  D  U
B  I  T  A  R  O  F  R  U  E  S  M
A  T  P  B  T  E  E  E  N  N  P  M
L  E  E  U  S  H  T  A  I  L  A  I
S  B  A  K  C  N  R  A  A  S  N  E
D  A  N  R  A  Y  H  O  B  E  T  G
A  I  A  H  K  C  U  B  O  E  S  Y
L  D  C  S  Y  A  L  L  A  M  D  V
O  A  S  T  E  R  F  O  R  T  H  E
B  C  A  L  A  V  E  R  I  T  E  T
```

WORDS

ALLAY	CAKE	FLOE
ALP	CALAVERITE	FORTH
ARCHER	CANAPES	GYVE
ASTER	CHAINS	IMMUNE
ATABALS	CHANTEUSE	JEOPARDIZE
AUTO	CREATE	LINKS
AVALON	DEBATER	PANTS
BAG	DENARY	
BATHROOM	DIABETIC	
BOLA	DICTA	
BUCK	DUGONG	
	FEISTY	

Puzzle #07

```
D  I  S  C  O  U  R  A  G  E  D  H
E  T  A  L  A  I  R  E  T  R  A  S
N  S  S  E  S  S  A  L  C  R  C  I
U  E  S  T  C  A  R  T  T  A  O  F
D  T  I  E  T  I  S  O  P  P  A  F
A  T  D  A  S  A  T  G  E  N  T  U
T  O  U  N  B  A  N  J  O  E  S  H
E  H  I  N  O  I  E  G  E  D  M  S
S  S  T  E  T  I  B  R  E  I  U  N
S  O  Y  T  A  C  M  E  C  L  D  O
I  J  U  N  R  O  C  A  E  G  G  H
X  C  C  A  M  E  R  A  C  F  E  T
```

WORDS

ACME	CORNU	SMUDGE
ANGEL	CREASES	
ANTENNAE	CUTTING	
APPOSITE	DENUDATE	
ARTERIAL	DISCOURAGED	
ASSIDUITY	FORT	
ATTRACTS	GENT	
BANJO	GLIDE	
BEEF	HONSHU	
CAMERA	HOTTEST	
CAMION	HUFFISH	
CLASSES	JOSH	
COATS	LATE	
	SIX	

Puzzle #08

```
A  L  L  S  T  A  R  A  Y  G  A  C
B  S  I  D  D  A  C  P  R  B  B  R
O  E  P  S  D  B  C  P  R  R  L  E
U  T  N  E  N  O  Y  E  A  A  E  W
T  J  T  E  R  O  K  A  G  T  E  M
K  I  U  S  A  S  R  L  N  S  S  A
C  E  E  J  L  T  I  I  E  D  A  N
O  T  I  D  L  Y  H  N  L  L  B  B
L  C  O  D  A  S  R  G  G  E  E  Y
F  S  R  O  C  H  A  R  M  I  D  T
L  A  T  N  E  D  I  K  A  H  K  E
H  E  X  E  R  G  O  N  I  C  T  S
```

WORDS

ABLE	CALLA	FLOCK
ABOUT	CARRY	GLENGARRY
ALLSTAR	CHARM	HARD
APPEALING	CHIELD	IDLY
ASPERSING	CITED	IRONS
BENEATH	CODAS	JUJU
BRATS	CORSET	KERB
BYANDBY	CREWMAN	KHAKI
BYTES	DEBASE	
CADDIS	DENTAL	
CAGY	DON	
	EXERGONIC	

Puzzle #09

```
D  I  D  D  L  E  D  T  R  I  D  D
E  D  I  C  O  I  B  U  G  Y  C  E
I  E  Z  I  N  O  M  R  A  H  A  D
G  F  O  O  D  S  C  I  T  C  V  U
N  E  H  T  S  U  O  E  N  R  O  C
C  A  N  I  S  A  T  B  R  A  R  T
L  T  E  C  L  I  P  S  F  T  T  E
O  S  C  U  L  L  G  P  Y  U  S  D
S  R  O  O  D  D  O  G  A  A  E  S
S  E  M  Y  Z  N  E  C  U  R  D  L
E  R  O  S  I  V  E  L  K  R  A  T
T  A  F  R  E  T  T  U  B  S  D  T
```

WORDS

APPARAT	CORNEOUS	FOODS
AUTARCHY	CULL	FUEL
BEIRUT	DAYS	GAT
BIOCIDE	DEDUCTED	HARMONIZE
BLED	DEFEATS	HILLOCKS
BUTTERFAT	DEIGN	
CANIS	DIDDLED	
CAVORT	DIRT	
CERTS	DOORS	
CLIP	DRUGGIST	
CLOSSET	ENZYMES	
	EROSIVE	

Puzzle #10

```
E  N  S  U  R  I  N  G  R  O  D  Y
T  Z  E  L  C  E  N  I  P  O  H  C
A  B  I  Y  A  Y  L  F  W  O  L  B
R  T  R  L  D  N  T  E  E  R  I  S
E  B  E  A  O  N  S  V  R  D  R
P  D  A  G  I  B  B  A  U  E  S  E
U  E  E  M  R  L  R  M  M  D  L  V
C  T  R  M  A  A  L  E  E  R  A  I
E  A  O  L  A  K  N  E  P  S  E  D
R  S  S  P  U  T  O  U  S  Y  I  D
B  U  T  T  E  G  W  E  L  C  H  D
B  L  A  D  E  D  S  A  X  E  R  T
```

WORDS

AERIES	DEMENTED	LEVELER
AERO	DEPOT	LUGS
ANNALS	DERMA	RECUPERATE
ASSES	DISEMBODY	
AXER	DIVERS	
BAMAKO	DUSTY	
BLADE	EDEMA	
BLOWFLY	ENSURING	
BRAILLE	ERIS	
BUTT	GRANULE	
CASTE	GRODY	
CHOPIN	HYPERBOLIZE	
CLEW	ICY	
	INFERS	

Puzzle #11

```
B  A  C  K  G  A  M  M  O  N  E  T
L  L  O  R  D  E  B  R  U  C  L  S
F  O  O  R  P  L  O  O  F  I  U  A
L  A  E  W  E  T  L  C  E  R  D  E
I  L  T  D  P  U  H  A  L  U  E  B
P  P  S  I  O  I  G  D  H  A  H  S
P  A  E  E  G  R  P  A  Y  S  O  D
A  C  G  I  N  U  R  E  E  E  P  R
N  A  U  B  U  O  E  O  L  L  S  A
T  L  A  I  D  N  R  D  C  B  E  O
D  N  E  B  D  A  N  D  Y  A  M  B
D  E  B  I  R  C  S  E  D  C  T  A
```

WORDS

ALPACA	CAD	HALL
AMBLE	CORRODE	HOPS
AURIC	CURBED	INURE
BACKGAMMON	DANDY	
BAND	DESCRIBE	
BEAST	DIAL	
BEAUGESTE	DROLL	
BELEAGUER	DRONES	
BEND	DYES	
BEULAH	ELUDE	
BLOWPIPE	ENNUI	
BOARDS	FATIGUED	
CABLE	FLIPPANT	
	FOOLPROOF	

Puzzle #12

```
E  L  K  C  U  H  C  H  I  M  E  D
N  V  S  S  G  N  I  L  D  E  E  S
T  K  A  E  R  C  U  H  C  T  I  A
I  R  D  G  R  E  E  R  E  S  D  C
R  U  I  E  A  U  I  T  B  E  E  I
E  S  D  D  T  B  C  R  P  E  L  T
T  T  D  A  O  F  O  A  R  O  L  S
Y  L  L  H  W  S  I  D  C  A  M  I
S  E  E  P  B  H  E  G  R  H  B  L
A  R  R  A  N  G  I  N  G  O  E  A
H  S  U  R  B  U  N  R  O  C  C  U
D  A  N  G  L  E  B  I  L  L  T  D
```

WORDS

ABSORBS	CHUCKLE	GIFTED
AGAVE	CORDOBA	GRAPH
AITCH	CORNU	HEELS
APED	CREAK	LEBRUN
ARRANGING	CURES	MOP
AWHIRL	DANGLE	RUSTLERS
BARRIERS	DIDDLER	SEEDLINGS
BILL	DIRT	
BRUSH	DOSE	
CACHE	DUALISTIC	
CHIMED	ENTIRETY	
	ERE	

Puzzle #13

```
G  R  O  A  N  I  K  C  E  R  D  T
N  E  N  J  O  Y  E  D  E  P  O  L
I  R  T  R  I  K  S  R  E  D  N  U
G  U  D  I  V  E  S  T  A  J  A  R
A  M  E  E  N  O  X  I  N  S  A  E
R  E  L  N  D  G  D  D  E  E  R  G
A  D  W  F  S  E  I  E  B  Y  H  E
P  S  A  L  C  G  C  L  A  E  E  M
S  S  B  A  R  C  A  N  L  F  R  M
I  B  E  T  R  A  Y  E  O  A  O  Y
D  E  R  U  J  D  A  H  L  C  B  T
E  M  U  S  E  R  W  O  T  S  E  B
```

WORDS

ACEDIA	DIVES	LIGNITE
ADJURE	DRECK	LOPED
AJAR	ENJOYED	NIXON
BALL	ENS	RESUME
BAWLED	EYES	UNDERSKIRT
BEAR	FLATUS	
BESTOW	GAELS	
BETRAY	GEMMY	
CONCEDED	GREED	
CRABS	GROAN	
DEAF	HEN	
DEMURER	HENT	
DISPARAGING	HERO	
	KIN	

Puzzle #14

```
C  A  I  R  N  A  N  T  I  O  C  D
O  O  A  V  U  L  S  E  P  U  E  E
M  E  U  M  A  S  E  M  R  O  M  V
F  T  N  R  A  A  E  T  D  L  O  O
O  D  I  S  T  T  A  O  O  S  C  L
R  A  R  E  N  I  R  W  F  P  S  E
T  O  L  O  L  A  N  I  I  O  A  A
A  R  C  I  N  N  R  G  A  L  H  C
B  B  N  T  S  H  I  E  T  R  S  E
L  G  S  L  A  T  I  V  Y  O  C  D
E  K  R  U  B  B  E  N  S  A  A  H
S  E  T  I  L  O  R  E  A  T  L  D
```

WORDS

AEROLITES	CURTAILING	VITALS
ALSATIAN	DECA	
ANTI	DEODORANTS	
ARE	ENSNARE	
AVULSE	FIAT	
BENS	HAS	
BROAD	HIE	
BURKE	LARIAT	
CAIRN	LAYER	
CAPOTE	LISTEE	
COME	LOPS	
COMFORTABLE	LOVED	
CONTEMPO	LOW	
COURTING	MATRIARCH	
	TOAD	

Puzzle #15

```
E  T  A  D  N  A  M  E  B  O  I  D
R  E  P  S  A  J  A  D  C  S  E  E
A  C  G  C  U  T  E  O  O  M  L  P
T  O  T  A  C  L  R  O  I  S  E  O
T  L  P  S  L  D  B  J  T  P  C  D
E  A  L  I  I  L  O  N  I  E  T  E
L  N  R  A  N  H  E  N  J  D  R  D
T  D  L  B  N  I  B  O  O  P  I  L
S  E  U  U  R  O  K  L  N  U  C  E
A  R  A  T  U  E  C  L  Q  L  A  J
C  S  U  N  R  E  S  I  A  E  L  F
E  N  D  H  E  E  L  C  O  M  B  T
```

WORDS

AMEBOID	DOLCE	JOKER
BOOS	DOPED	LAP
BRAT	DRILLED	LIQUID
BREAM	ELECTRICAL	LLANO
CASTLE	ERA	LUAU
CATO	ESAU	MALKIN
COLANDER	FJELD	MANDATE
COMB	GALLEON	NUTRIENTS
CORDIAL	HEEL	PULE
CUTE	HIS	SPED
DEMIJOHN	INBOUND	
	JASPER	

Puzzle #16

```
I  C  H  N  E  U  M  O  N  M  A  D
G  O  O  E  X  U  L  E  D  U  O  N
L  O  N  Z  F  S  C  T  D  B  F  O
O  L  O  I  I  T  T  I  B  O  D  L
O  N  U  N  C  D  O  E  R  E  E  B
B  E  R  E  T  V  R  C  D  Q  D  E
R  S  G  D  I  C  E  E  U  A  U  X
I  S  A  S  O  S  E  I  A  B  C  E
S  B  U  Y  N  H  P  S  A  M  S  S
T  A  D  C  A  S  D  G  I  V  E  R
L  D  I  A  L  I  E  E  S  N  E  D
Y  E  T  L  C  L  A  B  B  E  R  T
```

WORDS

ASDIC	CUB	HEEDED
AUDIOVISUAL	DAMN	HONOUR
AUDIT	DEBT	ICHNEUMON
BADE	DELUXE	IGLOO
BAGEL	DENIZEN	LACY
BLOND	DENSE	SEX
BRISTLY	DOBBER	
CADETS	DREAMED	
CIRQUE	EQUIPS	
CLABBER	FICTIONAL	
COOLNESS	FORCES	
COY	GAUD	
	GIVER	

Puzzle #17

```
F  A  T  S  E  U  Q  N  I  N  C  A
U  I  R  E  G  E  I  S  E  B  H  D
Z  R  S  T  S  N  D  E  L  H  I  E
Z  H  Y  U  N  R  I  A  T  Y  N  T
C  E  E  T  S  O  O  L  M  K  T  A
O  A  K  G  I  S  U  C  P  N  E  N
T  D  N  R  R  M  Y  V  S  I  A  A
E  S  O  O  I  E  R  B  E  D  K  M
R  A  D  H  P  K  V  O  I  A  D  E
I  Y  M  S  P  U  C  I  N  R  U  A
E  A  G  A  L  A  S  I  D  B  D  T
G  H  A  S  T  L  Y  L  A  T  A  F
```

WORDS

ABNORMITY
ADDS
AIRHEAD
ANI
ARTNOUVEAU
AYAH
BESIEGE
BIRD
BYSSUS
CANOPUS
CORSET
COTERIE
CUPS

DELHI
DINKY
DIVERGE
DONKEYS
EMANATED
FAT
FATAL
FUZZ
GALAS
GHASTLY
HINT
HOD
INCA
INQUEST

KIPLING
KIRK
MAE
MANMADE

Puzzle #18

```
C O L L A T E D U C E D
I A D U B L A I N A R C
S E N Y T S E N M A J D
A S A A S T F M S C I E
B T M N R P F S A I V I
S H E O U D E Y N N E F
P E D I C N R P S O E I
L T V M Y F V N S R D T
U I H O T T E S T I H N
G C C R C H S Y S A A E
O A E C T S C H B M U D
B L D A E D E I R F T I
```

WORDS

ACROMION
AESTHETICAL
AMNESTY
ATHENS
BAHT
BASIC
BUD
CANARD
COLLATE
COVES
COYNESS
CRANIAL

CURS
DEAD
DEMAND
DISH
DUMB
DYSPEPSIA
EDUCED
EFFERVESCE
ENAMEL
FENNY
FEY
FRIED
GOB

GULPS
HOTTEST
IDENTIFIED
IRONIC
JIVE

Puzzle #19

```
D O G G Y R R E B A R T
E I A C U D A H M O Z S
P N C R B F O E N I A R
M G U E E T F B L Y R E
A E M D S D B D Y B F C
R N E U T B E O A S H E
C I N L M E R M W I U T
R O S O A V A A M E N B
E U I U N I J D V A R S
T S L S N R A D E E R G
I Y E O J E M L A Y D C
N A E L G D S R A O B T
```

WORDS

ACUMEN	BUSYBODY	FYN
AJAR	CHI	GLEAN
AMAIN	CRAMMED	GREED
BART	CRAMPED	GUFF
BERRY	CREDULOUS	HEBDOMAD
BESTMAN	CRETIN	INGENIOUS
BLEAR	CRIME	JAMS
BOA	DERIVE	JOEY
BOARS	DICES	LAY
BOWER	DOGGY	LEANT
BRAVED	ENSILE	ZARF
	ERST	

Puzzle #20

```
B  I  V  O  U  A  C  E  D  E  D  C
I  O  G  N  I  W  O  D  N  E  I  A
N  T  U  O  P  O  R  D  R  O  P  S
S  H  T  N  O  I  T  R  O  P  P  A
C  G  D  E  D  U  R  T  X  E  Y  B
U  I  E  S  S  A  L  L  I  A  P  L
R  L  T  A  S  E  R  I  E  L  B  A
R  T  V  L  G  A  X  Y  B  S  F  N
Y  O  W  A  I  E  T  O  V  E  D  C
W  O  F  M  L  I  T  A  N  Y  L  A
C  F  A  I  N  R  O  F  I  L  A  C
E  L  U  S  P  A  C  R  E  D  O  T
```

WORDS

ABLE	DEVOTE	LITANY
APPORTION	DIPPY	PAILLASSE
AVOW	DROPOUT	SCURRY
BINS	DROPS	
BIVOUAC	ENDOWING	
BOUNDARY	EXTRUDED	
CALIFORNIA	FEN	
CAPSULE	FOOTLIGHT	
CASABLANCA	GAFFE	
CEDE	GUT	
COWLS	ILEX	
CREDO	LAMIA	
	LIBEL	

Puzzle #21

```
C O L O S S E U M U R D
A B L L I B D N A H E E
R L E X O T I C A T S T
A I W T T U P A K I E
F G N A L C Y B E G D N
E O U U O E I N A E E T
E R A T B L T N N L S E
D G P O E S G T O A K I
I N S C Y E I U D T R L
O I E R E S S Y Y I A I
D L S A T S K N I O H A
E C S T S E G I D N T B
```

WORDS

APSES
ATONIC
AUTOCRAT
BAILIE
CARAFE
CELIBATE
CLING
COLOSSEUM
DENTIST
DETENTE
DIGESTS

DIODE
DISOBEY
DRUM
DYKE
ELATION
ESSES
EXOTICA
EYEBOLT
GANG
GUY
HANDBILL
HARK

INK
KAPUT
KENT
OBLIGOR
RESIDES
UNWELL

Puzzle #22

```
T  A  R  G  E  T  R  A  P  A  L  B
I  Y  X  E  N  D  E  M  I  C  S  Y
D  O  T  I  M  O  I  S  K  A  E  L
E  G  D  I  O  M  I  F  R  F  N  T
R  E  E  E  V  M  I  S  I  U  O  B
C  L  F  E  R  A  S  L  R  C  C  E
S  I  I  F  E  A  R  P  G  E  E  L
I  C  N  S  O  B  I  P  F  A  V  I
D  A  E  W  N  C  O  L  E  I  T  E
B  R  S  I  A  A  A  N  S  D  T  E
S  G  E  L  L  C  H  C  N  I  C  T
E  N  O  L  C  R  E  A  T  O  R  S
```

WORDS

AGLIMMER	CREATORS	FIT
ALB	CURSE	GATE
APART	DEFINES	GOYA
AXIOM	DEPRAVITY	GRACILE
BELIE	DERAILS	HANS
CALF	DISCREDIT	LEAKS
CINCH	EARP	LEGS
CLAN	EBON	NAB
CLONE	EDIFICE	SWILL
COFFEE	ENDEMICS	TARGET
CON	EVERSION	
	FEY	

Puzzle #23

```
D  E  L  U  D  E  T  O  D  N  E  G
E  C  A  R  M  L  E  T  E  O  K  D
R  N  I  E  N  E  F  Z  P  I  E  T
U  A  C  I  Y  W  A  M  C  T  S  T
O  T  N  R  G  R  A  K  A  I  E  S
B  I  A  B  B  L  U  R  S  D  T  E
A  B  N  C  C  P  E  S  D  E  A  L
L  R  I  R  A  N  A  E  R  P  D  A
A  O  F  Z  O  B  E  F  H  X  S  R
O  X  T  X  G  R  O  W  S  E  U  O
S  E  E  Y  T  I  U  Q  E  C  Y  H
C  U  D  D  L  E  S  J  A  L  P  T
```

WORDS

ALP	DRAWN	HORAL
ARMLET	END	JUROR
AZTEC	EQUITY	KICKUP
BASSIST	EXONERATED	LABOURED
BRAZEN	EXORBITANCE	LAE
BRIER	EXPEDITION	LAOS
CAB	EYRA	NEWEL
CLAMP	FEN	
CUDDLES	FINANCIAL	
CUR	FRETS	
DATES	GEN	
DELUDE	GLEE	
DOTE	GROWS	
	HEY	

Puzzle #24

```
I  N  D  I  C  A  T  E  K  A  K  A
G  N  I  R  E  B  M  U  C  N  E  L
N  E  H  S  E  R  F  Y  L  R  U  C
O  I  T  U  O  G  U  D  E  F  E  H
M  R  S  A  R  B  I  T  R  A  T  E
I  E  Y  T  V  T  T  A  G  H  A  E
N  A  C  O  S  E  E  A  Y  E  L  S
Y  F  E  J  T  E  L  U  M  A  Y  E
E  H  H  A  S  E  Y  E  A  R  R  B
C  O  H  E  R  E  D  S  N  D  C  I
G  L  C  I  N  E  N  E  S  P  A  K
E  Y  E  F  U  L  D  R  O  S  S  T
```

WORDS
ACRYLATE
AMULET
ARBITRATE
CHEESE
CINENE
CLERGYMAN
COHERED
CURLY
CYST
DROSS
DUGOUT
EARED
EARFUL
ELEVATE

ENCUMBERING
ESP
EYEFUL
EYES
FAERIE
FRESHEN
GALE
HEARD
HOG
HOLY
HUNK
IGNOMINY
INDICATE
ITS
JOTA

KAKA
KIBE

Puzzle #25

```
B  A  R  K  Y  T  I  M  A  L  A  C
R  P  E  E  U  C  H  A  R  I  S  T
I  P  Z  L  T  S  I  O  H  A  E  L
B  A  I  I  H  S  R  O  T  A  R  O
E  L  M  A  T  C  I  E  F  L  O  P
M  S  I  M  S  F  O  R  C  E  S  P
O  N  T  K  R  T  E  C  R  E  A  M
S  O  C  C  U  E  O  D  S  A  E  E
E  I  I  A  C  D  H  N  E  R  B  H
U  N  V  L  S  T  A  T  I  B  A  H
R  U  A  B  I  D  E  H  A  S  B  T
G  B  O  R  E  S  S  O  F  B  H  E
```

WORDS

ABIDE	CALAMITY	GRUESOME
APPALS	COCHLEA	HABITATS
ASTONISH	CODS	HEMP
BARKY	CREAM	HOIST
BARRISTER	CURS	LEAH
BATHER	EBBED	ORATORS
BLACKMAIL	EUCHARIST	SHIRE
BORE	FLOP	VICTIMIZE
BRIBE	FORCES	
BUNIONS	FOSSE	
	FREE	

Puzzle #26

```
B O T H E R U E S N A D
L A P O S B M I L A M S
A L S U R E M U H T G B
H B S T A N G N I R A P
O E T N R O A D D L I E
T S C S E I K I E K T L
T C E R H G N N L R E O
E E S U U K L G O E D N
S N N A L E C A E U A E
T T I F O O L S R N T C
S D E C I M A T E E T T
C R E D U L I T Y T D D
```

WORDS

ALBESCENT	DINK	KOA
ALEC	DREDGES	LAMS
ASTRINGENT	FOOLS	LIMBS
BALE	GAITED	LONE
BLAH	GENS	OPAL
BOTHER	GLARED	PARING
CAELIAN	GNATS	
CREDULITY	HOTTEST	
CRUELTY	HUMERUS	
DANSEUR	HUNTS	
DDT	INSECTS	
DECIMATE	KEN	
	KNOUT	

Puzzle #27

```
D A S H I K I N A V I D D
E N E M R A C B O F F U
S A V T M I S M I D O E
C B A B A C K D R A F T
E A E U N T G L I N G O
N T L N G E S U A L C A
D I T Y L E A E R S S Y
A C Y I E E H O O U A I
N L F P S S N A E J S N
T Y I D E O L O G I S T
N R E G G I D S H O V E
R E D R O S I D E E D T
```

WORDS

ANABATIC
AYIN
BACKDRAFT
BOFF
BUNYIP
CARMEN
CLAUSE
DASHIKI
DEED
DEIFY
DESCENDANT
DIGGER

DIMSIM
DISORDER
DIVAN
DON
DUET
ESTATE
FYN
GILA
GURUS
HAS
HONE
IDEOLOGIST
IDO

JEANS
LEAVES
LINGO
MANGLES
NASAL
OOH
SHOVE

Puzzle #28

```
C  O  U  P  L  E  N  O  H  E  A  T
H  E  X  A  D  A  K  H  D  D  N  C
A  X  M  A  N  C  T  C  N  E  O  A
L  T  O  E  A  B  C  N  U  H  O  P
K  Y  O  J  R  E  O  I  O  O  D  M
Y  R  R  R  B  A  A  C  R  R  T  O
E  A  W  E  E  R  S  R  G  N  F  C
Y  I  O  E  A  D  T  E  E  P  U  H
L  L  B  J  M  S  L  D  R  S  K  C
R  I  L  S  S  G  A  U  O  T  A  T
U  C  E  I  A  C  B  S  F  I  B  E
B  R  I  E  F  K  I  T  A  B  T  L
```

WORDS

AERY	COAST	HEXAD
AXMAN	COMPACT	HONE
BAKU	COUPLE	ITS
BATIK	DEHORN	JACKO
BEAMS	DOONA	JEER
BEARDS	DUST	LETCH
BRIEF	EAGLE	
BURLY	EASER	
BURP	ELBOWROOM	
CADENT	ERASER	
CHALKY	FILLY	
CILIARY	FOREGROUND	
CINCH	FRONTAL	
	HEAT	

Puzzle #29

```
B  E  A  T  I  F  I  C  G  A  M  E
E  T  A  C  I  X  O  T  E  D  H  X
E  N  A  M  E  L  L  I  N  G  A  T
T  E  V  I  T  O  M  E  T  I  R  E
H  I  D  O  L  I  S  E  S  M  D  R
O  C  E  T  G  O  E  P  S  P  H  M
V  N  B  C  M  U  L  S  I  E  A  I
E  A  A  E  L  A  E  L  T  D  N  N
N  A  T  O  N  E  D  O  A  E  D  A
A  D  E  P  T  S  V  C  B  R  E  T
L  I  S  S  O  M  E  E  A  S  D  E
C  A  R  P  E  N  T  E  R  P  T  S
```

WORDS

ABATIS	ENAMELLING	DEBATES
ADEPTS	EXTERMINATES	DETOXICATE
ANCIENT	GAM	DIPS
ATONED	GENTS	EMOTIVE
BEATIFIC	HARDHANDED	
BEETHOVEN	IDOLISE	
BENS	IMPEDE	
CARPENTER	LISSOME	
CLEVER	LOLLARDS	
COLS	MADCAP	
	VOGUE	

Puzzle #30

```
E  V  E  R  T  I  N  G  L  E  E  C
D  I  S  P  E  R  S  E  D  O  V  E
D  R  T  E  U  P  H  O  N  Y  E  R
I  O  S  L  L  O  M  N  U  G  A  A
E  N  O  G  T  D  F  T  D  L  P  M
S  E  O  J  I  L  O  U  M  E  D  I
B  A  B  K  A  F  F  O  X  L  I  C
R  E  F  C  B  I  S  L  D  A  O  S
A  L  O  U  D  T  L  S  U  H  L  Y
W  N  L  I  M  M  U  N  E  K  C  U
N  U  C  A  G  Y  S  S  U  H  Y  B
Z  A  I  R  E  D  U  L  L  O  C  T
```

WORDS

ALMOST	COLLUDE	FUMY
ALOUD	CYCLOID	GLEE
APEX	DISPERSED	GUNMOLL
BABKA	DOODLES	HALE
BAIT	DOVE	HUSSY
BEE	EDDIES	IMMUNE
BOOSTS	EUPHONY	IRON
BRAWN	EVERTING	JAIL
BUYS	FIGS	ZAIRE
CAGY	FLACON	ZULU
CERAMICS	FLUKY	
	FUDGE	

Puzzle #31

```
C H O I C E T E L H T A
L U R I D I G E S T E D
E U S O C E D T R A U U
W T N F H Y G G O B S M
T S E K D B L P L E H R
N T P A H A A I V O T E
A N M E R E N L T N I B
I O A Y G G A S E A M E
G F D E N C A D B C I R
S K N A R C U L B F L E
S E L G A E I W I K E F
R C X E S S E G G T D T
```

WORDS

ABHOR	CLEW	FIG
ARGALI	CRANK	FONTS
ARTDECO	DAMPENS	GIANT
ATHLETE	DANS	GIBBET
BEREFT	DELIMIT	GLARY
BERMUDA	DENT	HELP
BOGGY	DIGESTED	KIWI
CALVES	DUBLIN	LUNKHEAD
CANOE	DUES	LURID
CHOICE	EAGLES	RENEGE
CLANG	ESSEX	
	FETA	

Puzzle #32

```
F A V O R A B L E P M I
L X M D D S E I T I C L
A I B E G I N N E R S I
T L A N T A S I T S M U
T E S E E H R A E A O M
E N K D U E Y M L R O D
R S E D O G D S E L B A
I U T A D R O I T N O Y
N I E L F U P L A S T W
G N V G E S E H C N I O
E G A R E T S O F E Y R
B I G H T S B A L I T K
```

WORDS

ALSO	DAYWORK	GARMENT
AMETHYSTS	DISALLOW	GAVE
ANY	DOPES	GLADDENED
AXILE	DORP	ILIUM
BALI	DOSE	IMPEL
BASKET	DROIT	INCH
BEGINNERS	ECLOGUE	REINS
BIGHT	ENSUING	SURGE
BOOM	FAVORABLE	
CITIES	FEET	
COB	FLATTERING	
	FOSTERAGE	

Puzzle #33

```
C H E E R I N G N I U R
H R S N A I L A T I E O
O B E L D A M E S B L T
I T S A S E B E M C T A
R L S C M E M A R P T R
E E O Y D Y L I U O O R
N W D A E C M S T E B A
E O U S O P H M C S W B
S B D U L I G I G O L O
S I R E N I V A H S F G
E S F G P E V A J U T E
E T U I D A C E E G T E
```

WORDS

AIMS
APE
BARRATOR
BEDAUBS
BELDAMES
BORE
BOTTLE
BOWEL
CAHOW
CHEERING
CHOIR

CLAMBER
COURSE
CREAMY
CRIMPLE
DEMITS
DEVICE
DOSSES
EFT
ESSENE
ETUI
EVILS
FOCSLES

GEE
GIGOLO
IDS
ITALIANS
JUTE
LACY
OGEE
PUSHING
RUING

Puzzle #34

```
A  P  U  R  E  X  E  C  A  L  N  E
U  U  S  G  O  B  A  T  S  E  O  A
T  A  D  N  D  T  O  E  V  T  S  E
H  D  I  I  I  T  I  A  R  E  S  R
O  N  A  T  O  M  R  S  T  A  E  O
R  A  R  S  C  G  P  R  O  S  L  D
E  L  B  A  E  E  E  I  A  P  E  Y
S  D  A  L  N  C  J  N  O  S  X  N
S  T  I  B  Y  I  Y  U  I  U  S  E
E  C  R  C  G  W  M  S  G  C  S  S
W  A  A  I  A  A  T  F  L  A  K  E
S  F  M  Y  D  S  E  Q  U  A  L  T
```

WORDS

ACID	CERTES	IMPIOUS
AERODYNES	DESISTS	JIG
ANYWAY	DIRT	JUGAL
APURE	EBOATS	LANDAU
AREA	ENLACE	LESSON
AUDIOGENIC	EQUAL	LET
AUTHORESS	EXEC	MAD
BAIRAM	EXPOSITOR	SEWS
BATS	FACT	
BLASTING	FLAKE	
BRAIDS	GRAVEN	
	GYNECOID	

Puzzle #35

```
A  N  I  M  A  C  C  O  L  A  D  E
N  N  H  S  E  G  A  R  A  G  I  Z
O  P  S  E  T  I  V  E  L  N  P  N
N  T  O  E  L  R  U  C  R  I  L  O
Y  S  J  R  R  B  A  T  E  D  O  R
M  R  T  G  T  I  A  D  D  I  M  B
I  U  E  E  N  L  N  R  N  R  A  A
T  O  H  D  D  A  A  E  U  E  T  L
Y  H  E  O  C  O  L  C  O  D  I  L
S  E  T  H  H  E  G  C  F  U  C  E
M  A  Y  O  U  F  L  A  R  E  S  T
J  U  S  T  B  E  Y  B  U  S  Y  T
```

WORDS

ACCOLADE	CLANG	FOUNDER
ACHY	CURL	GARAGES
ANIMA	DARTS	GODETS
ANONYMITY	DEEM	HOHUM
ANSERINE	DEGREES	HOURS
BALLET	DERIDING	JOSH
BEY	DIPLOMATIC	JUST
BOTH	DUES	LEU
BRONZE	DURABLE	LEVITE
BUSY	EAU	
CALTROP	ETA	
	FLARES	

Puzzle #36

```
T S E N A E L A M I A S
E Z D A A K Y A D A P T
T E E G O E C E A F N T
A T M R N R B G K O E E
N L F E O A I Y S C P V
I O I M S T T A L S O I
Z E I N A I J F R L D C
E O R T E N S E A E E I
N E E V P M Y B O C A J
F S L S K A O L C A M P
L A S E R G C R I E R S
H U L K S N E E D U D T
```

WORDS

ACROMION
ADAPT
ADZE
AGITATES
ALINE
AYERS
CAFTAN
CAMP
CAPTION
CIVET
CLOAK

COCKEYE
CRIERS
DROME
DUDEEN
EMESIS
EPODE
FERNS
FOCSLE
FRO
GAM
HALVE
HULKS

IDS
JACOB
JASON
JELLYBEAN
KERATIN
LAMIAS
LASER
LEANEST
OGEE
TETANIZE

Puzzle #37

```
D  O  O  D  L  E  L  B  E  E  F  C
R  N  I  O  R  E  H  Y  A  L  C  A
I  I  M  M  O  D  E  S  T  Y  D  C
B  S  T  N  U  O  C  N  S  T  R  H
I  E  R  O  L  P  X  E  T  T  A  U
Z  P  N  A  D  E  D  E  C  N  O  C
A  M  T  G  B  E  N  R  A  E  B  H
R  A  O  G  O  E  I  G  P  V  K  A
R  C  O  S  R  L  D  S  M  N  C  H
E  J  U  M  P  A  O  B  I  I  U  E
E  S  I  C  X  E  I  C  U  H  D  A
D  O  G  G  Y  K  I  L  T  G  T  P
```

WORDS

BEDBUG	DOGGY	HUH
BIZARRE	DOODLE	IMMODESTY
CACHUCHA	DRIB	IMPACTS
CAMPESINO	DUCKBOARD	INVENT
CATTY	EPSOM	JIG
CLAY	EXCISE	JOG
COLOGNE	EXPLORE	JUMP
CONCEDED	FEEBLE	KILT
COUNTS	GRAIL	
DEBARS	GREENS	
DIN	HEAP	
	HEROIN	

Puzzle #38

```
C  O  A  G  U  L  U  M  T  F  A  H
O  H  O  M  E  E  D  I  A  L  S  A
M  T  A  E  R  C  V  Y  K  Y  A  L
M  P  Y  N  E  A  T  S  K  R  W  F
E  E  E  A  D  R  U  U  K  E  H  T
R  D  N  I  R  B  S  E  A  K  S  R
C  E  F  N  I  M  O  T  Y  A  U  U
I  F  E  A  G  E  O  O  A  B  B  T
A  I  E  B  R  A  B  U  K  N  S  H
L  R  B  L  I  E  U  G  R  A  G  E
S  E  L  A  Y  K  S  E  M  A  G  L
C  H  E  E  R  S  E  I  T  U  D  T
```

WORDS

AFFIDAVIT	DIALS	HEL
ALBANIA	DUTIES	HOME
ARGUE	DYKES	KAYAK
ARMOUR	EMBRACE	SUET
BAKERY	ENFEEBLE	
BARB	ESKY	
BIKE	EYER	
BUSHWA	FIRE	
BUSK	GAME	
CHEERS	GIRDER	
COAGULUM	GNATS	
COMMERCIALS	HAFT	
DEPTH	HALFTRUTH	
	HANDBOOK	

Puzzle #39

```
B  E  S  H  R  E  W  O  N  E  R  E
N  O  I  T  A  I  L  O  F  X  E  N
T  S  U  A  H  X  E  C  K  E  P  T
T  A  R  R  U  D  U  A  I  E  E  W
T  M  S  E  D  S  L  J  D  C  Z  I
N  S  S  R  S  O  O  G  E  I  I  N
A  T  E  T  E  U  N  O  C  F  O  E
N  E  E  R  S  G  O  E  A  I  T  N
E  R  A  T  R  U  R  R  N  T  T  C
T  D  S  S  N  A  G  U  T  R  E  A
O  A  E  D  D  I  E  D  B  A  H  G
C  M  B  A  N  S  H  E  E  T  G  E
```

WORDS

AMSTERDAM	EDDIED	TROUSERS
AREOLA	ENCAGE	
ARREST	ENTWINE	
ARTIFICE	ERENOW	
BANSHEE	EXFOLIATION	
BESHREW	EXHAUST	
BOURDON	GHETTOIZE	
BURGERS	GOER	
COTENANT	GUSTS	
CUSS	HINT	
DECANT	ICICLE	
DURRA	JOUSTS	
	KEPT	

Puzzle #40

```
G R I F T E R O G A S P
A E Z I L A T U R B M C
L P A L L U S I O N E F
A E T R R L E S S L R E
S E L U O E O T E O A A
S K M O R H S R T P H R
E E S A S A I H A I O T
F E D F H T N Y N C B H
A B O G Y H S D A I M W
U I H S Y U U J M L I O
N H U G O S C R E Y B R
A T E L M R A U T O T K
```

WORDS

AJC	FAUNA	HORAE
ALLUSION	FEMUR	HUGO
ARE	FOIN	HURT
ARMLET	FROTH	ICILY
AUTO	GALAS	INDUS
BEEKEEPER	GASP	LOST
BIMBO	GHAST	LOUSY
BRUTALIZE	GORE	SEDGY
CELERITY	GRIFTER	
EARTHWORK	HAREMS	
EMANATES	HEL	
EOSINS	HODS	
	HOPES	

Puzzle #41

```
E  M  P  L  A  C  E  D  N  U  O  F
T  U  C  R  A  E  L  C  E  M  A  R
A  B  H  U  F  F  Y  S  E  C  I  E
N  T  A  S  H  H  G  N  C  L  K  E
I  I  I  N  I  T  A  U  O  O  R  S
S  M  L  J  D  T  S  L  J  A  I  T
S  A  E  D  O  A  L  E  O  K  K  A
A  G  S  L  T  Y  G  O  G  R  E  N
S  E  B  O  A  E  F  E  C  O  Y  D
S  R  R  B  S  B  L  U  D  O  P  I
A  Y  U  G  R  O  A  N  L  M  A  N
D  U  C  T  I  L  E  N  I  T  D  G
```

WORDS

ACCUSATORY	GROAN	FREESTANDING
ANEMO	HAIL	GEST
ASSASSINATE	HALO	
BANDAGED	HID	
BOLD	HUFFY	
CLEARCUT	ICES	
CLOAKROOM	IMAGERY	
COLTISH	INLET	
CURBS	JOYFUL	
DECK	JUG	
DUCTILE	KEYPAD	
EMPLACED	KIRK	
FOUND	LABAN	
	LOLLY	

Puzzle #42

```
C  O  R  N  I  S  H  D  Y  A  B  A
F  A  F  O  O  T  E  E  F  I  C  P
J  O  L  L  I  R  F  I  N  O  P  P
E  T  R  C  D  M  T  O  S  G  N  E
L  B  B  E  U  E  Z  R  N  I  F  N
D  E  T  I  S  L  Y  M  E  S  E  D
E  A  L  C  K  T  A  I  T  N  C  I
H  I  H  I  I  G  A  T  N  I  T  C
B  E  T  U  H  I  R  Y  I  N  I  I
W  A  T  O  M  C  L  S  O  O  O  T
B  A  U  E  C  N  E  D  I  C  N  I
F  L  R  M  R  E  S  W  O  D  T  S
```

WORDS

AFOOT	EBB	DONT
AIMER	ESCHEW	DOWSER
APPENDICITIS	FATUITY	
ARLES	FJELD	
BATIK	FORESTAY	
BAUM	FRILL	
BAY	GHOUL	
CALCULATIONS	HATED	
CHILE	HERTZ	
CONFECTION	ILIUM	
CORNISH	INCIDENCE	
DEFORMITY	INSIGNIA	
	INTENSIFY	

Puzzle #43

```
A  L  L  E  R  G  E  N  U  T  T  A
F  A  P  P  E  N  D  I  C  E  S  G
F  T  U  O  N  R  O  W  T  L  O  I
I  N  T  O  L  S  D  A  A  D  N  T
R  E  D  E  S  E  T  O  E  K  R  A
M  D  A  L  T  S  G  E  O  B  E  T
E  N  A  R  O  P  E  A  G  U  K  O
T  W  O  C  O  F  L  R  C  D  B  R
E  I  Y  R  I  A  F  M  P  I  A  S
T  A  D  E  L  S  I  A  N  S  E  G
N  S  R  U  F  J  O  G  G  L  E  S
A  B  A  S  E  D  O  M  A  I  N  T
```

WORDS

ABASE	DOMAIN	KOALA
AFFIRM	DROPGOALS	LAW
AGITATOR	DUB	LEANT
AISLE	EARS	LEGACIES
ALLERGEN	ESPRESSO	WORNOUT
APPENDICES	ETNA	
ATTUNE	FAIRY	
BINGO	FOLD	
COSTATE	FURS	
DEE	GADGETS	
DENTAL	GAM	
DETROIT	JOGGLE	
	KERNOS	

Puzzle #44

```
A T T E N D E D I N A C
S E I L L U F E R I D I
S W L T H T O R B G E T
U E O K E T S I E N C N
R R O C N M R I G I A E
G A P O O A I E R L L G
E I S C N P N Z Y B S R
N L S L D O A M E B E A
T O E L A N I L E U C R
L F C A V R S A M B I T
I A M B I T I O U S M Y
M R E L D D I T S E F T
```

WORDS

AMBIT	CANID	LIES
AMBITIOUS	CESSPOOL	MICE
ANKLE	COPAL	MILT
ARGENTIC	DAVID	NILE
ARTY	DECALS	TIDDLER
ASSURGENT	DIREFUL	YMIR
ATTENDED	EWER	
BALLCOCK	FEST	
BRISTLE	FOLIAR	
BROTH	GENOA	
BUBBLING	IRAN	
	ITEMIZE	

Puzzle #45

```
A  P  L  O  M  B  A  R  T  N  U  A
N  O  I  T  A  N  I  L  C  N  I  S
I  W  B  D  L  O  B  E  I  E  O  R
T  N  A  C  E  T  T  E  D  E  V  A
N  T  C  U  T  V  B  A  A  I  N  E
A  S  K  L  N  A  E  J  C  T  L  S
M  I  F  D  S  E  A  I  J  U  E  E
A  T  I  E  T  S  K  O  R  S  D  N
I  R  L  S  S  T  E  R  F  G  I  J
D  A  L  A  E  Y  R  X  E  D  G  Y
D  I  S  C  R  E  E  T  O  U  L  A
G  N  I  T  C  A  X  E  F  B  A  T
```

WORDS

AGGRIEVED	BOLD	EOS
ALGID	BOXES	EVE
ALIENS	CANT	EXACTING
APLOMB	CRESTS	FRETS
ART	CULDESAC	FUG
ARTIST	DATA	INCLINATION
AUNT	DIAMANTINA	JEAN
AWN	DISCREET	JIG
BACKFILL	DUCAT	JOEY
BEAKER	EARS	VEDETTE
BEATEN	EDGY	
	ELIDE	

Puzzle #46

```
K  E  P  I  N  D  E  M  N  I  F  Y
E  L  E  T  U  P  L  A  A  A  D  R
P  B  S  B  G  A  M  O  E  D  E  E
T  B  T  Y  E  G  G  N  F  H  A  E
A  A  T  Y  A  T  A  I  T  E  D  P
R  D  I  W  R  C  W  A  L  R  R  M
B  E  S  L  E  R  G  I  E  E  I  O
C  M  Y  L  D  R  A  S  X  N  N  C
O  O  B  E  O  H  S  C  P  T  G  S
L  R  A  F  O  A  A  T  O  N  E  S
I  A  B  L  G  E  S  O  R  E  R  O
C  C  A  E  S  N  E  H  T  A  T  L
```

WORDS

ADAM	CAYS	INDEMNIFY
ADHERENT	COAL	KEPI
AGILE	COLIC	KEPT
ALOHA	COMPEER	LETUP
ATHENS	DABBLE	SOL
ATONES	DEADRINGER	SWAGMAN
BABYSIT	DRESSAGE	
BETWIXT	EROSE	
BRAT	EXPORT	
CANE	FELL	
CAROM	FOLD	
CARRY	FORGATHER	
	GEARED	

Puzzle #47

```
I  O  U  X  B  L  E  A  R  E  S  E
M  M  E  E  H  U  F  F  Y  D  E  L
P  W  M  L  J  U  R  Y  M  A  N  D
A  G  N  I  T  A  T  S  A  V  E  D
C  T  J  A  N  G  L  E  T  E  G  I
T  A  O  E  N  E  T  S  C  O  L  D
E  B  N  M  W  O  N  H  T  O  G  A
D  C  K  D  I  E  R  T  K  F  P  M
E  K  S  A  Y  C  L  A  A  E  I  U
H  I  C  K  E  Y  S  L  K  E  R  L
E  C  R  U  G  R  O  P  E  S  B  F
S  K  C  O  L  C  F  C  E  R  E  T
```

WORDS

ABC	DEVASTATING	JANGLE
ANORAKS	ECRU	JEWELLER
APE	EVADE	JURYMAN
ASK	FLUMADIDDLE	KERF
ATOMIC	FREAK	KICK
AWE	GENES	LIFTS
BEAT	GOTH	
BLEAR	GROPE	
BURST	HICKEY	
CANDY	HUFFY	
CERE	ILEX	
CLOCKS	IMMINENT	
COLD	IMPACTED	
	IOU	

Puzzle #48

```
W O M A N I S H C N E K
O G I D N I L F T H M B
L R T R E Y U H C E O U
B A N E V T G T H A R L
L Y I E I I G S S R D I
E N O L T S I T A S R M
A R I R E R S L B E I I
F T I A G E H U G N A A
Y A G R R V P A A B S T
L E A N O D S F I N A T
S N I K F A U E V A C O
T D E N I O C D E R T C
```

WORDS

ADVERSITY	COTTA	GRAY
AGES	CUSP	INDIGO
AIRDROME	DEFAULTS	INTI
AIRTIGHT	DER	KENCH
BASH	DRAIN	KINS
BLOW	DREE	LEAFY
BOASTS	EARS	LEAN
BULIMIA	FAN	SLUGGISH
CAVE	FORGETIVE	TAN
CEIBA	FRO	WOMANISH
CHE	FUTILITY	
COINED	GAS	
	GRANT	

Puzzle #49

```
C A E S U R A K E B U C
L O D E Z A G H V A I L
E K C I S T R A E H R A
F G B K V Y F K N M P P
R E E C L E R I S Y A S
E N C I S E R E N S C T
K E A T S T S S L N A C
T V L E V E B H I O S H
E A M R A E B S E T O A
H N O I R A H T O L Y F
S I G R O C E N T S L F
E P I R G A L A H A D T
```

WORDS

ASS	CORGIS	KERF
BEAR	CUBE	KHAKI
BECALM	DIVERSITY	LOTHARIO
BESIEGE	EARP	TAME
BEVEL	EVEN	
CAESURA	FINNS	
CAPRI	FOOLERY	
CENTS	GALAHAD	
CHAFF	GAZED	
CLAPS	GENEVAN	
CLEF	GRIPE	
CLERISY	GROAT	
COCKLESHELL	HALTS	
	HEARTSICK	

Puzzle #50

```
D  E  D  N  I  M  L  I  V  E  Y  B
E  G  R  E  T  S  N  O  T  A  B  O
A  N  E  K  O  R  T  S  K  C  A  B
F  C  O  L  E  C  T  O  M  Y  K  O
I  H  N  Z  E  N  E  M  A  S  E  K
S  E  C  T  L  C  S  E  B  M  S  H
H  E  O  N  L  A  T  U  U  A  K  A
E  R  L  D  E  E  N  O  R  R  E  F
R  Y  O  I  K  R  L  A  R  I  R  R
M  S  G  E  V  A  T  P  C  A  N  E
A  O  Y  T  A  S  S  N  P  B  L  G
N  R  B  U  R  E  A  U  E  A  T  A
```

WORDS

ALAR	DEAF	KOBO
APPLE	DEE	LEKVAR
BACKSTROKE	DIET	ONCOLOGY
BAIRAM	EGRETS	ROSY
BAKES	ELECTORAL	
BATONS	ENEMAS	
BUREAU	ENSURING	
BURR	ENTRENCH	
BYE	ERAS	
CANALZONE	ESKER	
CHEERY	EVILMINDED	
COLECTOMY	FISHERMAN	
	KHAFRE	

Puzzle #51

```
D  E  T  I  C  I  L  E  H  I  N  D
O  U  Z  B  C  W  C  P  M  N  W  I
C  D  R  I  A  E  A  B  E  O  E  N
U  E  T  E  N  R  B  L  O  Y  D  G
M  V  B  S  G  A  C  O  F  N  A  S
E  O  E  O  U  R  V  A  X  A  G  S
N  L  T  E  L  E  U  L  R  C  U  O
T  U  B  E  A  D  C  B  A  O  I  E
A  T  C  R  A  T  E  U  L  G  L  W
R  I  S  D  E  L  E  S  D  A  T  E
Y  O  N  I  S  A  C  W  T  A  P  R
I  N  T  E  R  V  A  L  A  T  C  S
```

WORDS	DEW	DELES
AUTOGRAPH	DINGS	DEVOLUTION
AWE	DOCUMENTARY	
BARCAROLE	DOME	
BEAD	ELICITED	
BOLDEST	EWERS	
BONGO	EYAS	
BURGER	FLAW	
CADUCEUS	GALVANIZE	
CANYON	GUILT	
CASINO	HIND	
CENSE	ICEBOX	
CRATE	INTERVAL	
CUT	LAPS	

Puzzle #52

```
A  B  A  T  E  M  E  N  T  B  R  L
D  E  P  O  T  C  I  D  D  A  O  A
O  R  A  R  T  I  S  T  E  I  N  Y
P  S  E  S  E  T  L  F  B  R  L  O
T  T  A  P  E  N  A  E  O  A  E  U
E  R  I  C  M  R  I  D  X  M  G  T
D  O  D  E  E  A  D  A  E  Y  E  U
E  H  E  S  H  T  H  E  R  L  N  P
M  O  S  S  E  Z  A  G  S  D  D  N
O  C  D  I  O  M  Y  C  N  O  A  I
J  A  S  O  N  S  Y  B  A  G  R  T
D  E  C  N  A  H  N  E  D  Z  Y  E
```

WORDS

ABATEMENT	DANS	GODLY
ADDICT	DEMO	HAMPER
ADOPTED	DEPOT	HEM
AIDES	DIAL	IDLED
ARTIST	DRAINER	INPUT
BAIRAM	EASER	JASON
BOXER	ENHANCED	LAYOUT
BOY	EROSE	LEGENDARY
CESSION	ERST	STEIN
COHORTS	FEAR	ZACATECAS
CYMOID	GABY	
	GAZE	

Puzzle #53

```
C  A  N  N  Y  T  I  N  I  V  I  D
O  I  T  E  L  D  N  O  F  E  I  F
A  E  N  D  E  M  I  C  S  D  O  C
T  Z  E  O  D  R  A  W  N  U  C  T
E  I  M  N  M  H  A  I  B  O  C  N
D  L  E  E  I  O  S  G  L  M  B  A
E  I  N  T  K  L  N  A  N  O  E  M
R  S  I  F  A  D  C  G  I  U  A  R
E  S  F  O  E  E  R  N  A  T  D  I
H  O  N  N  R  N  L  A  I  E  C  A
D  F  O  D  C  S  N  A  B  T  L  H
A  E  C  I  D  O  B  Y  G  C  T  C
```

WORDS

ADHERED	DUNGAREE	DIVINITY
AITCH	DUOMO	DRAWN
BARD	ENDEMICS	
BEAD	ETC	
BODICE	FENNY	
CANNY	FIEF	
CHAIRMAN	FOND	
COATED	FONDLE	
COBIA	FOSSILIZE	
CODS	GAEL	
COLA	GALEATE	
CONFINEMENT	GNOMONIC	
CREAK	HOLDENS	
	INCLINE	

Puzzle #54

```
F  O  R  E  S  A  I  D  U  A  R  F
O  L  L  I  D  A  M  R  A  E  E  S
L  E  L  E  C  T  R  O  N  I  C  K
L  T  L  D  L  O  B  O  K  H  O  S
O  U  E  B  H  I  M  A  U  P  M  A
W  D  G  S  A  M  R  R  A  M  M  L
E  E  O  S  O  B  C  K  E  U  I  F
R  B  I  C  I  H  M  J  P  J  T  A
S  A  S  L  I  E  N  I  O  S  T  I
S  T  T  L  R  E  F  I  L  L  A  T
B  E  L  L  E  I  G  O  L  C  L  H
S  R  E  P  O  R  G  N  U  D  T  Y
```

WORDS

ARMADILLO	FAITH	LIBRA
ASP	FLASKS	LIEN
BELLE	FOLLOWERS	LIFER
BOSH	FORESAID	LOGIE
CHURCHILL	FRAUD	LUGS
CLIMBABLE	GIRL	
COMMITTAL	GROPERS	
COMMONER	ILE	
DEBATE	JOLLY	
DUNG	JUMP	
EGOIST	KAPOK	
ELECTRONIC	KEA	
	KOBOLD	

Puzzle #55

```
H  E  A  R  T  Y  E  O  O  G  D  E
A  X  N  R  E  L  T  N  E  G  E  Z
S  P  E  C  O  T  I  I  C  T  N  I
S  E  D  T  U  B  N  A  C  I  O  L
L  N  R  E  A  M  N  A  N  G  O  A
E  D  U  E  C  I  B  K  H  A  T  R
L  A  B  W  S  R  C  E  Y  C  S  E
B  B  L  O  O  M  A  N  R  R  E  N
I  L  A  N  G  E  L  S  U  S  F  I
S  E  S  E  I  L  L  A  T  N  L  M
I  S  E  R  U  S  N  I  A  E  E  E
V  C  L  E  V  E  R  L  Y  B  T  D
```

WORDS

ANGELS
ARCED
BAAL
BLOOM
BORA
BURDEN
CANIS
CHANTER
CITY
CLEVERLY
DEMINERALIZE
DENUNCIATE
ENCUMBER
ERENOW
EXPENDABLE
FESTOONED
FRY
GENTLER
GOA
GOOEY
HASSLE
HEARTY
INK
INSURES
LEY
LIANAS
TALLIES
VISIBLE

Puzzle #56

```
F  E  D  U  N  K  I  R  K  N  I  J
L  M  D  R  I  P  R  O  E  M  Z  E
A  B  D  I  S  T  I  N  C  T  Z  N
M  O  L  E  T  P  U  N  T  A  U  T
M  L  A  A  L  I  O  R  I  R  R  R
A  U  R  E  R  L  O  H  K  M  B  A
B  S  E  E  L  E  D  N  C  E  A  I
L  E  B  O  U  R  G  E  S  D  Y  L
E  E  I  E  M  B  A  R  G  O  E  S
L  E  L  B  A  V  I  E  C  N  O  C
E  V  L  A  C  S  B  E  D  A  U  B
C  L  I  N  G  S  M  E  E  D  T  L
```

WORDS

ABRUZZI	DUNKIRK	TURKEYS
ARMED	EDITIONS	
BEDAUB	EMBARGOES	
BLARE	EMBOLUS	
BOURG	ENTRAILS	
CALVE	FED	
CHOPS	FLAMMABLE	
CLINGS	ILLIBERAL	
CONCEIVABLE	JINK	
DEEMS	LEA	
DELL	LUNGED	
DISTINCT	MINI	
DRIP	PROEM	
	REBEL	

Puzzle #57

```
C A V Y T T I D R A P E
R A M U S E D I A T I G
I B P H C Y N M A Y R A
C T A A A A O S B P T K
K D N R B R N I U I N C
E E D E E L D M H C A O
T R L T E S E E A A C L
C I T N A I T B N N I B
U O H A U T R O I S N S
S H C E M A G E F E E B
H C L K B B G R A N G E
Y L E I R A S S I S I T
```

WORDS
ABATIS
ABEL
ABUHANIFA
AMORETTO
AMUSED
ANTI
ARIEL
ASSISI
ATYPIC
BARB
BAREST

BEEF
BLOCKAGE
BOERS
CANE
CANS
CANTRIP
CAPABLE
CAVY
CHOIRED
COCK
CRICKET
CUSHY

DIMSIM
DITTY
DRAPE
DRAY
ELL
GAME
GENIC
GRANGE
HARDEN
HAUT
NON

Puzzle #58

```
A  G  N  O  M  E  N  O  A  L  A  R
N  L  A  D  E  D  A  S  H  S  R  A
N  E  L  R  U  E  S  N  A  D  L  Z
I  E  T  E  E  O  I  R  U  C  I  A
H  M  L  B  N  V  B  G  G  A  N  H
I  A  E  A  K  O  I  M  U  L  G  T
L  N  N  S  C  L  R  D  O  U  T  L
A  E  D  S  D  I  A  T  D  C  O  A
T  R  E  V  N  I  P  C  I  I  N  B
E  S  R  I  D  O  S  E  A  C  E  R
S  U  C  O  F  G  N  I  Z  A  R  B
K  E  E  L  B  O  A  T  N  U  H  T
```

WORDS

ACER	CITRONELLA	GLEEMAN
ACICULA	COBRAS	HUNT
AGNOMEN	COMBO	INVERT
ALAR	CURIO	KEELBOAT
ANNIHILATE	DANSEUR	LADED
AONE	DASH	LENDER
ARLINGTON	DIVER	
BALTHAZAR	DOSE	
BASSVIOL	DOUG	
BRAZING	EPICAL	
CALK	FOCUS	
	GILD	

Puzzle #59

```
C  E  D  A  R  N  H  S  E  R  F  T
I  I  B  A  N  D  A  I  D  I  E  S
L  Y  T  U  P  E  D  G  L  O  Z  E
L  H  R  E  O  R  F  E  E  T  T  L
I  I  A  A  N  Y  I  T  B  A  E  J
R  D  R  S  U  I  R  N  L  M  R  O
Y  E  S  E  A  T  K  S  A  E  S
C  I  O  I  R  A  C  O  M  A  M  H
S  L  N  R  F  E  G  A  R  N  E  B
A  L  I  E  N  A  T  E  S  D  O  N
E  A  S  T  E  L  M  A  H  T  Y  T
H  A  T  E  S  T  N  E  C  S  A  H
```

WORDS

ACOMA	DON	JOSH
ACTUARY	EAST	LAMB
ALIENATES	EIRE	LEST
ALLIED	EMBED	LHASA
ARSONIST	ENRAGE	PRINK
ASCENTS	FAME	SLATE
BANDAID	FIR	
BUOY	FRESH	
CAST	GEARS	
CATERER	GLOZE	
CEDARN	HAMLET	
CYRILLIC	HATES	
DEPUTY	HIDE	
DIES	HILT	
	HYDROKINETIC	

Puzzle #60

```
F  L  U  N  K  N  O  T  T  I  N  G
E  A  N  T  L  E  R  E  H  T  O  M
E  W  S  E  D  A  R  A  P  N  A  G
L  M  T  P  B  A  A  C  T  E  A  N
S  A  Y  R  I  U  C  O  D  M  B  I
E  K  T  E  N  R  O  I  I  E  S  R
T  E  E  T  D  H  E  N  E  S  O  E
I  R  I  F  I  H  A  S  H  U  R  H
P  E  B  I  N  D  E  E  D  M  B  T
S  S  U  R  G  N  O  R  W  A  E  A
E  T  D  D  E  N  D  U  R  E  D  E
D  D  I  A  R  R  I  A  N  D  T  F
```

WORDS

ABSORBED	DUBIETY	MOTHER
ACT	ENDURED	PARADES
AIRRAID	FEATHERING	WRONG
AMUSEMENT	FEELS	
AND	FLUNK	
ANTLER	GAMIN	
ASPIRES	HASH	
AUNTIES	HOOT	
BINDING	IDEA	
CAD	INDEED	
DESPITE	ITS	
DRIFTER	KNOTTING	
	LAWMAKER	

Puzzle #61

```
C  A  L  L  I  N  G  U  A  V  A  S
A  T  N  A  T  P  E  C  C  A  R  C
R  T  E  B  A  H  P  L  A  T  E  A
M  I  R  I  O  L  Y  L  L  A  D  D
E  R  O  L  E  O  P  E  W  O  N  E
N  E  P  L  U  F  N  A  N  N  A  S
Y  S  M  O  M  D  O  D  C  A  L  D
H  L  E  W  I  A  N  R  O  A  S  A
S  Y  T  I  N  U  S  I  D  C  I  U
A  Y  X  F  N  T  F  E  H  S  K  B
D  A  E  H  E  B  S  T  R  A  B  S
H  A  U  L  M  D  O  E  S  N  T  T
```

WORDS

ACCEPTANT	CARMEN	HYENA
ALPACA	DALLY	INN
ALPHABET	DAUBS	ISLANDER
ANNAS	DEFTLY	LEY
ASHY	DISUNITY	MASER
ATTIRES	DOESNT	
BART	EFT	
BEHEAD	ENOW	
BILLOW	EXTEMPORE	
BOONDOCKS	FORDS	
CADE	GUAVAS	
CALLING	HAULM	
	HINDU	

Puzzle #62

```
I  M  P  E  C  U  N  I  O  U  S  H
N  O  C  L  A  F  E  T  T  A  U  Y
V  O  E  S  I  A  N  N  O  Y  L  P
E  S  I  T  I  R  T  S  A  G  O  E
N  L  M  T  O  T  L  T  N  L  B  R
T  F  O  U  A  C  I  D  A  I  O  A
B  O  A  R  I  L  N  O  W  M  G  C
I  E  U  U  A  R  O  B  B  P  N  T
L  J  C  F  X  C  O  S  S  E  I  I
L  I  R  P  A  E  R  P  E  N  B  V
E  J  U  N  O  D  P  A  M  D  I  E
T  S  S  O  R  C  S  A  B  E  N  T
```

WORDS

APEX	DESOLATION	LINO
APRIL	DOBS	LYONNAISE
BARCAROLE	EMPORIUMS	
BILLET	FADS	
BIN	FALCON	
BINGO	FAUX	
BOAR	FETTA	
BOLUS	GASTRITIS	
BWANA	HYPERACTIVE	
COLA	IMPECUNIOUS	
COTE	IMPEND	
CROSS	INVENT	
CRUS	JUNO	
	JURAT	

Puzzle #63

```
C  C  H  E  C  K  M  A  T  E  C  A
O  U  S  E  V  E  N  S  U  E  S  M
F  R  T  E  C  E  O  H  L  C  B  O
F  I  S  L  S  E  N  L  T  M  A  U
E  N  I  E  A  Y  I  I  Y  E  L  N
E  G  G  Z  S  S  B  N  N  B  L  T
P  E  G  P  T  I  S  M  I  G  A  E
O  G  U  N  R  R  C  E  A  N  S  D
T  O  R  E  O  A  E  R  D  C  T  S
C  C  D  A  S  G  E  H  O  O  S  I
D  E  F  T  P  O  K  L  A  X  O  N
H  C  E  E  B  H  U  R  T  S  E  T
```

WORDS

ABY	COG	HERTZ
ACE	COUP	HOE
AMOUNTED	CURING	HURTS
BALLASTS	CUTLASS	INTI
BEECH	DEFT	IRED
BOER	DRUGGISTS	KLAXON
CAMBYSES	EGGNOG	NIECE
CAST	EMCEE	ODESSA
CELLIST	ENSUES	
CHECKMATE	EVENINGS	
COFFEEPOT	EXORCISES	
	GRAPH	

Puzzle #64

```
E  V  R  E  N  N  I  A  M  U  R  D
A  N  I  M  A  L  A  U  F  O  N  D
R  T  C  A  T  C  H  M  E  N  T  D
T  T  T  O  U  N  L  Z  U  E  T  E
H  C  O  E  E  I  I  A  U  H  E  S
C  A  D  N  M  R  P  L  D  T  N  P
U  R  A  P  O  P  C  A  G  C  A  I
O  E  E  D  E  C  T  I  E  E  C  C
V  D  O  A  A  E  A  I  V  R  R  A
S  E  R  N  S  O  E  E  N  E  A  B
D  E  O  G  A  E  L  S  D  G  C  L
D  N  S  M  O  O  B  E  D  E  T  E
```

WORDS

ADO	COERCIVE	LAMINA
ANON	CUED	LIMPED
APPEARED	DATES	LOAD
ATTEMPTING	DEACON	MAIN
AUFOND	DEODORIZE	VOUCH
BEDE	DESPICABLE	
BLEAT	DRUM	
BOOMS	EARTH	
CARCANET	ERECT	
CARED	GAELS	
CATCHMENT	GLINT	
CLUE	INHUMAN	
	INNERVE	

Puzzle #65

```
H  E  L  P  E  R  S  O  L  D  U  P
E  Z  A  L  B  E  A  M  S  I  S  I
R  F  Y  D  A  N  G  L  E  S  U  T
E  T  L  G  S  B  A  V  E  B  O  E
T  B  N  O  E  W  E  N  I  A  E  R
I  E  I  A  R  O  O  L  N  N  G  E
C  T  A  O  M  I  D  C  S  D  A  F
D  A  G  H  L  S  N  E  E  S  R  E
E  R  A  D  C  O  N  I  T  G  U  H
S  E  A  I  U  C  G  I  H  I  O  C
L  A  Z  Y  M  B  A  Y  K  C  C  L
D  R  A  W  S  S  E  B  E  R  G  T
```

WORDS

AERATE	DARE	LAZY
AIMS	DISBANDS	LIONESS
AVE	DRAWS	LOGE
BACCHAE	DRAYS	RETIP
BEAMS	FADS	SOLDUP
BIOLOGY	FLORIN	
BLAZE	GAINLY	
BUD	GEODETIC	
CHEF	GREBE	
CHIN	HELPERS	
COURAGEOUS	HERETIC	
COWS	INSET	
DANGLES	KINSMAN	
	LABELS	

Puzzle #66

```
E  V  O  L  V  I  N  G  I  S  N  E
N  N  G  N  A  M  O  W  Y  R  U  J
G  O  O  F  I  E  N  D  T  A  L  F
L  I  S  D  R  S  T  A  I  E  A  E
A  T  S  E  A  J  A  U  U  L  R  A
N  A  A  S  D  L  O  C  Q  B  D  R
D  D  M  U  E  O  T  T  I  G  E  F
E  I  E  F  S  E  O  O  T  R  R  U
R  C  R  M  D  L  R  R  N  I  S  L
S  U  Y  O  B  E  U  I  A  N  N  D
S  L  L  I  G  E  D  A  E  D  A  G
N  E  L  E  H  R  R  L  H  Y  T  C
```

WORDS

ANTIQUITY	ENGLANDER	HELEN
ARIA	ENODAL	JOTTING
AUCTORIAL	ENSIGN	JURYWOMAN
BLEARS	EVOLVING	LARDERS
CANNOT	FEARFUL	LEER
CASINO	FIEND	LODE
DAY	FLAT	
DOOR	FUSED	
DURO	GILLS	
EIRE	GIT	
ELUCIDATION	GOSSAMERY	
EMBER	GRIND	
	HAULS	

Puzzle #67

```
D  U  T  Y  C  N  E  G  A  M  U  H
E  D  O  R  E  E  R  G  E  D  A  O
R  E  S  U  O  H  E  R  O  T  S  O
T  N  I  G  K  N  G  D  T  A  F  D
H  O  L  T  D  S  N  R  T  A  A  W
A  P  E  E  K  U  I  E  E  L  T  I
M  A  D  E  O  C  R  L  A  N  A  N
L  C  C  P  K  C  E  R  I  D  N  K
E  E  X  E  X  A  M  H  J  S  N  S
T  E  V  E  R  B  M  O  E  V  A  E
T  P  A  E  L  I  I  S  B  M  O  B
S  T  U  O  B  N  S  R  I  A  H  T
```

WORDS

ACER	DUTY	HUM
ADJOIN	EAVE	KEEP
AGENCY	ENDED	LEAF
ALARM	ERODE	LEAPT
ANNA	EXCRETA	SIMMERING
BASILISK	EXPOUND	STOREHOUSE
BEVEL	GAM	
BOMBS	GIN	
BOUTS	HAIRS	
CABIN	HAMLET	
CAPONE	HATTRICK	
DEGREE	HINT	
DER	HOLT	
	HOODWINK	

Puzzle #68

```
C O V E T I D A R D N A
O L I M B U S E L D A L
N A I M P R E S S T D E
C M N Q R O M R A O T E
L P E I U A G E N C Y B
U R Q S A E F G H H R G
D E U D U L L E R A U R
I Y I A D E P T S L D A
N A T T A C H A P K I T
G C Y E M I L B H Y M I
D E I F I S S A L C E S
E D I T E N I G M A S T
```

WORDS
ADEPT
AGENCY
ANDRADITE
ARMOR
ATTACH
BLIMEY
BRAS
CHALKY
CHAPLAIN
CLASSIFIED
CLIQUE
CONCLUDING

COVE
DECA
DIMES
DONG
DULLER
EDIT
ENIGMAS
ETCH
FARM
GAB
GRATIS
GULP
IMPRESS

INEQUITY
LADLES
LAMPREY
LIMBUS

Puzzle #69

```
H  U  R  T  S  E  D  O  I  D  L  E
O  O  E  M  B  O  W  E  R  C  A  S
S  D  L  A  R  E  H  A  A  F  M  E
E  T  B  E  L  M  P  B  T  U  B  M
V  F  B  L  I  P  A  E  H  S  E  I
L  E  I  C  E  N  R  C  M  T  R  T
E  B  R  N  A  S  O  A  E  E  T  E
D  O  D  T  A  D  E  N  B  V  S  B
N  S  U  L  I  L  N  U  E  N  O  E
S  A  L  V  G  O  L  A  I  R  E  D
N  O  I  O  B  B  K  Y  U  S  H  U
T  L  E  L  B  I  L  E  D  N  I  T
```

WORDS

ADEN	DIODES	KYUSHU
AFTERS	DOVE	LAMBERTS
AIRED	DRIBBLE	LEI
ALLOT	EMBOWER	LIVID
APPENDS	EON	MICRON
BETIMES	FINALLY	SLOB
BILL	GLEAMS	
BONNET	HERALD	
BULB	HOLEINONE	
CABANATUAN	HOSE	
CHUMS	HURTS	
DELVE	IDLE	
	INDELIBLE	

Puzzle #70

```
B  O  X  I  N  G  N  I  L  I  A  F
O  A  E  X  P  E  C  T  E  D  E  E
S  N  S  R  A  B  C  A  I  R  N  N
T  T  A  I  U  R  H  O  E  J  I  C
O  Y  E  M  L  T  C  B  M  A  E  E
N  P  R  N  R  N  N  E  U  V  F  S
E  R  G  O  S  I  I  E  A  A  F  N
T  A  E  C  S  N  A  O  B  N  A  O
O  H  D  O  A  R  A  H  J  E  C  J
O  S  E  L  K  N  U  R  C  S  D  N
F  R  E  T  E  D  O  C  E  E  I  O
C  A  S  U  A  R  I  N  A  S  T  D
```

WORDS

ARC	CHAIRMAN	FENCES
ARK	COLT	FERE
BARS	CURSORY	FOOT
BASIL	DEBENTURE	HARPY
BAUM	DEGREASE	INCH
BOSTON	DETER	JAVANESE
BOXING	DISJOIN	THETA
CAFFEINE	DONJON	
CAIRN	EBOAT	
CANON	ENSNARES	
CASUARINA	EXPECTED	
	FAILING	

Puzzle #71

```
F I G H T N E S S I D T
L L E M U F A L T E R S
A A I R M E N A W S A I
U D U E E D I T I O N S
N E O N R H U T E C E S
T C R P T S D E C A L A
N I S U T I T A N R O O
A D D O S S E S A N C C
L E V A E N C S E Y A U
L S K C I L I O S R L L
A T N U J A B I D E W M
C I T Y S L I C K E R T
```

WORDS
ABIDE
ADHERE
ADOPTS
AIRMEN
ASWAN
AUNTIES
CALLANT
CARNY
CITYSLICKER
COASSIST
CODE
CULM
DECIDES
DISSENT
DOSSES
DUENNA
EAVE
EDITIONS
FALTERS
FIGHT
FLAUNT
FLIER
FUME
INSURE
JUNTA
LICKS
LOCAL
SEANCE
WRESTS

Puzzle #72

```
D  C  O  M  P  E  L  S  D  R  O  F
R  R  O  L  O  R  A  B  O  Z  E  U
A  E  A  L  E  Z  D  A  Z  D  N  R
T  S  D  C  L  E  S  I  E  N  O  L
B  C  S  N  H  I  F  C  F  O  S  E
I  E  G  E  A  M  G  E  I  F  R  A
T  N  R  L  N  X  A  A  R  E  E  S
S  T  A  T  A  T  E  H  T  O  F  T
N  C  B  P  H  S  S  L  R  E  F  W
O  S  L  G  E  A  S  I  A  P  E  I
C  R  E  O  D  D  A  Y  K  A  J  S
I  O  M  E  N  C  O  R  E  J  T  E
```

WORDS

ADZE	COMPELS	GEO
ALEXANDER	CRESCENT	GLASSY
APED	DASH	ICONS
ASSENTS	DOER	JAPE
BAROLO	DOZE	JEFFERSON
BERTH	DRACHMA	KIST
BITS	ENCORE	LEASTWISE
CAIRO	FIZZ	MELBA
CALAIS	FOND	RIFE
CEDE	FORDS	
COLLIGATE	FOREFEEL	
	FURL	

Puzzle #73

```
L A K D H C M A D E C A
D I S C O U R A G E D B
N N M H O O R E M T E O
I N E I E D R T P I L R
K O R D T N N B S E I T
E C A A A B U T E F N
N E D S Z E T N R E B A
O N I H N Z D I E S U L
S T C E I O V A V S N L
B L A T T E R C O E G A
O A T O N E S E C H L G
W S E D A C R A H C E T
```

WORDS

ABORT	COVERT	ONEKIND
ACED	CREPE	RAZZ
ARCADES	DEADEND	RIVEN
ASHEN	DISCOURAGED	UNDOCK
ATONE	EDAM	
BENE	ERADICATE	
BEST	FILED	
BLATTER	GALLANT	
BOW	HERONS	
BROOD	HIES	
BUNGLE	HURTS	
CAIN	IMAM	
CHESS	INNOCENT	
	LIMITATIVE	

Puzzle #74

```
D E R E K C A N K I W I
E E R U T P A R N E F L
I N T R U O F H Y R T L
L T D R A H S R A I C U
L E H U A N A N E L I S
A G A U R I C C E R T I
E O N S V E N Y K L E O
E T D A I O T U G E G N
D V P X C N K A O T R I
E S I I F O G S E B E S
C I C L A C E D S E N T
D Y K E S E E R G A E T
```

WORDS

AGREES
ALLIED
AVIARY
AXILE
CALCIC
CEDE
CONCEIT
DETRAIN
DYKES
EATER
EGO

ENDURE
ENERGETIC
ENRAPTURE
ERRANCY
EVIL
FOGS
FOUR
FRANC
GLENS
GOES
HALT
HANDPICK

HAUNT
ILLUSIONIST
KIWI
KNACKERED
KUKRI
LACED
LEASING
LETBE

Puzzle #75

```
F  L  O  P  T  C  R  A  W  L  B  N
O  I  S  E  N  A  D  K  S  O  E  K
R  S  D  N  E  M  E  L  L  D  H  A
M  O  T  D  M  P  L  I  S  O  U  U
A  M  K  O  L  B  D  E  U  D  B  B
T  E  K  W  I  E  R  M  G  E  E  U
I  T  E  I  A  D  S  H  R  N  L  S
V  R  C  B  T  H  A  E  I  O  A  S
E  I  H  R  R  T  N  R  P  T  B  O
S  C  E  E  U  R  E  E  E  A  O  N
E  F  A  H  C  O  R  N  M  A  R  D
B  I  P  O  D  F  A  H  S  A  B  T
```

WORDS

ANGEL
ARENA
ATONED
AUBUSSON
BASH
BELABOR
BIPOD
BOLIDE
BUDS
CAMPBED
CHAFE
CHEAP
CRAWL

CRU
CURTAILMENT
DANES
DRAM
DRESDEN
ELL
ENDOW
FIDDLES
FLOP
FORMATIVE
FORTH
GHAT
GRIPE
HAWK

HERB
HERE
ILKA
ISOMETRIC
KHOUMS
KITTENS

Puzzle #76

```
A  U  D  A  C  I  T  Y  M  R  E  G
C  L  E  A  R  C  U  T  B  F  C  N
C  A  X  T  K  E  M  P  U  U  A  I
E  I  C  B  A  N  D  A  N  N  A  T
P  C  U  E  T  N  O  E  K  E  S  E
T  E  L  D  L  E  I  W  D  R  I  I
A  P  P  B  D  B  N  G  L  A  Y  U
N  S  A  U  E  A  U  T  A  L  Y  Q
C  E  T  G  L  I  W  O  E  V  S  S
E  C  E  M  E  N  T  E  D  R  E  I
D  I  S  R  E  S  P  E  C  T  S  D
S  T  S  Y  H  T  E  M  A  R  D  T
```

WORDS

ACCEPTANCE	DRAM	DOUBLE
AMETHYSTS	ENTERS	
AUDACITY	ESPECIAL	
BANDANNA	EVAGINATE	
BEDBUG	EXCULPATES	
BUNK	FUNERAL	
CEMENTED	GERMY	
CLEARCUT	HEELED	
DAW	INST	
DAYS	ISAAC	
DISQUIETING	KEMP	
DISRESPECTS	LAY	
KNOW		

Puzzle #77

```
B  M  B  E  N  O  A  H  O  L  A  A
U  A  I  R  V  C  B  O  O  T  Y  S
C  N  L  A  T  I  P  A  C  J  S  E
K  I  L  S  B  N  T  Y  C  R  E  M
O  K  Y  E  A  I  E  N  B  H  N  T
B  I  G  U  T  M  T  T  E  A  A  S
O  N  O  G  T  L  Y  D  A  T  B  L
O  E  A  U  E  U  A  V  O  E  T  U
M  L  T  F  R  F  O  I  A  W  B  A
A  D  O  L  E  S  C  E  N  C  E  C
F  R  A  U  D  S  O  P  A  E  H  R
B  O  R  E  R  S  C  O  M  E  G  T
```

WORDS

ADOLESCENCE	BUCK	LOUR
ALOHA	CAPITAL	MANIKIN
AONE	CAULS	MERCY
ATTENTIVE	CAVY	MESA
BABY	COCOA	
BACH	COME	
BALSAM	DOWER	
BANES	ERASE	
BATTERED	FRAU	
BEATEN	FUGUES	
BILLYGOAT	FULMINIC	
BOOM	GENIAL	
BOOTY	HEAP	
BORERS	JET	
	KOBO	

Puzzle #78

```
A  L  L  S  P  I  C  E  T  S  A  C
S  S  E  R  D  N  U  A  L  N  N  O
T  K  V  L  G  E  Z  B  A  Y  T  M
R  T  C  R  B  R  D  T  O  A  I  P
A  E  I  A  A  A  O  R  R  H  C  L
D  M  W  E  R  M  S  C  O  B  I  A
D  E  L  O  I  R  H  I  E  F  P  C
L  R  S  C  L  E  A  T  D  R  A  E
E  E  A  T  D  L  W  B  F  H  T  N
M  S  N  P  S  E  O  P  O  E  E  C
B  E  T  A  E  U  I  F  L  N  H  Y
L  L  E  N  K  D  G  E  K  Y  F  T
```

WORDS
ALLSPICE
ANATOMIC
ANTICIPATE
ARCHED
ASTRADDLE
AZRAEL
BARRACKS
BAY
BETA
BETWEEN
CASTE
COMPLACENCY
DIP
DISABLE

DRAPED
ETNAS
FOLK
FOLLOWER
FORDED
FYKE
GRIM
GROCER
GUSTS
HEFT
HEN
HOB
KNELL
LAUNDRESS
LEV

MES

Puzzle #79

```
C  A  R  A  T  S  I  N  I  F  F  F
A  H  A  D  E  T  N  I  L  G  E  C
B  K  I  T  E  E  L  I  B  A  H  A
A  L  J  N  H  D  Y  A  T  E  C  E
N  O  A  U  A  E  O  T  S  N  E  X
A  D  V  S  M  I  I  L  I  T  I  T
B  G  A  S  T  P  M  S  P  D  S  O
U  E  N  A  F  O  S  E  T  X  D  R
T  D  E  S  S  O  F  T  H  I  E  T
T  A  S  I  A  N  S  F  A  O  C  E
A  D  E  S  U  B  A  M  P  R  B  D
L  I  G  U  R  I  A  Z  O  V  T  T
```

WORDS

ABUSED	CHEF	INLY
ABUTTAL	CHINA	JAVANESE
AMP	DDT	JUMPSTART
ASIANS	EXPLODED	KITE
ATHEISTIC	EXTORTED	LASTS
AZOV	FANE	LIGURIA
BLASTOFF	FEAT	LODGED
BOHEMIAN	FINIS	TIT
CABANA	FOSS	
CARATS	GLINTED	
CHE	HABILE	
	INCA	

Puzzle #80

```
C  O  M  F  O  R  T  S  R  E  L  I
O  O  I  C  U  D  K  E  R  N  O  T
O  B  M  O  I  S  A  D  H  D  F  S
L  A  P  M  T  S  E  E  E  I  O  I
I  B  L  P  O  E  P  C  X  S  R  S
D  Y  O  L  B  D  A  C  A  B  E  N
G  I  S  I  E  O  I  A  N  A  K  I
E  N  I  C  K  P  E  O  G  N  N  N
M  G  O  A  T  E  B  R  U  D  O  A
E  S  N  T  O  S  E  B  L  S  W  N
N  B  L  E  S  T  H  S  A  C  N  E
D  E  L  D  N  A  H  E  R  I  E  T
```

WORDS

ACCEDES	EMEND	EIRE
APEAK	ENCASH	ELI
BABYING	EPODES	
BESOT	ERST	
BETA	FIX	
BLEST	FOREKNOW	
BOER	FUSE	
COMFORT	HANDLE	
COMMODIOUS	HEXANGULAR	
COMPLICATED	IMPLOSION	
COOLIDGE	INANE	
DIMLY	INSIST	
DISBANDS	KERNOT	
	SEEK	

Puzzle #81

```
C  I  V  I  L  I  Z  A  T  I  O  N
A  E  O  N  E  D  D  I  R  D  E  B
R  U  E  G  N  I  L  D  I  R  B  I
T  Q  T  R  N  L  O  D  G  E  K  C
E  I  S  E  G  I  I  F  E  L  C  O
L  Z  U  E  Y  A  T  V  A  C  A  N
S  E  L  N  L  E  S  C  A  A  J  C
T  B  L  E  F  C  R  I  A  B  E  A
S  R  I  R  O  E  O  G  D  I  L  V
I  I  C  Y  O  S  R  M  A  N  P  E
X  E  A  P  L  E  H  S  A  E  P  E
E  F  B  M  A  R  C  D  A  D  A  T
```

WORDS

ACRE	CARTELS	LIVABLE
ACTING	CIVILIZATION	LODGE
AEON	CLEF	
ALOOFLY	CRAM	
APPLEJACK	DAD	
BACILLUS	DAMOCLES	
BEDRIDDEN	DISAGREE	
BEZIQUE	EPI	
BICONCAVE	ERS	
BRIDLING	EXISTS	
BRIEF	GAEA	
CABIN	GREENERY	
	HELP	

Puzzle #82

```
E  R  U  P  T  I  O  N  S  G  U  B
X  E  E  T  A  R  G  I  M  E  E  L
A  G  N  M  N  I  W  R  A  D  O  A
C  N  T  T  H  S  B  O  D  E  C  N
T  A  R  N  R  K  E  E  S  I  A  D
I  H  E  E  A  D  S  R  A  L  I
N  F  T  C  T  E  P  E  N  L  L  S
G  F  T  L  A  S  L  S  A  E  A  H
E  I  I  U  X  C  I  E  R  X  L  E
E  L  M  M  I  S  N  C  K  G  O  D
S  C  E  E  F  A  A  B  A  B  O  C
E  M  A  D  C  Y  P  O  O  L  T  J
```

WORDS

ALE	COXA	LOESS
ARK	DAME	LOOPY
BABA	DARWIN	
BEDDED	DEMULCENT	
BLANDISHED	EMIGRATE	
BODE	EMITTER	
BUGS	ENTRAPS	
CALLALOO	ERUPTIONS	
CANEA	EXACTING	
CAY	FIXATE	
CISTERN	GEESE	
CLERIC	JOG	
CLIFFHANGER	KHMER	
	LENSES	

Puzzle #83

```
E  S  K  Y  B  M  U  R  C  O  M  E
N  L  O  I  T  E  R  U  G  I  L  X
T  O  D  I  M  P  L  E  N  N  L  C
E  G  T  D  U  S  K  Y  I  O  A  U
R  O  P  T  I  C  T  L  T  B  B  S
S  G  E  K  L  R  N  S  A  S  T  E
E  R  T  A  A  U  G  R  L  I  E  S
E  A  S  P  D  O  E  E  U  L  K  U
A  P  E  L  F  T  I  B  C  E  S  E
S  H  G  S  E  H  N  M  A  H  A  L
T  Y  N  C  C  B  N  O  J  N  B  O
F  F  I  T  N  O  P  C  E  T  Y  C
```

WORDS

ANY	EAST	LOITER
BASKETBALL	EJACULATING	OPTIC
BELS	ENTERS	PARTY
CETERA	ESKY	PONTIFF
CHIEL	EXCUSES	
CLASPS	FOGS	
COLEUS	GRIDDLE	
COMBER	HELI	
COME	INGEST	
CRUMBY	INN	
DIMPLE	KEGS	
DUNLIN	LIGURE	
DUSKY	LISBON	
	LOGOGRAPHY	

Puzzle #84

```
A  B  A  X  I  A  L  P  O  O  H  I
L  E  T  A  F  A  T  A  L  I  S  M
L  X  D  E  T  A  N  A  M  E  G  A
I  I  E  R  E  I  K  S  I  R  F  G
R  M  C  V  I  W  U  T  E  A  E  E
B  P  N  H  I  A  T  C  N  N  H  S
A  A  E  E  F  T  H  S  S  J  A  R
C  T  F  I  E  I  A  T  E  I  B  C
S  I  C  O  L  W  E  M  O  G  B  L
G  E  N  T  R  Y  T  L  R  L  E  A
E  N  D  W  A  Y  S  E  D  O  C  P
S  T  L  U  C  K  I  Z  B  A  F  T
```

WORDS

ABAXIAL
BAH
BETWEEN
BEX
BISCUIT
CABRILLA
CANES
CLAP
CLOTH
CULTS
EGEST
EMANATED
ENDWAYS
FAN
FATALISM
FATE
FENCED
FORMATIVE
FRISKIER
GEM
GENTRY
HAIR
HOOPLA
ICE
IMAGES
IMPATIENT
IZBA
JAR
LICHFIELD
LOCI
LUCK
TWEET

Puzzle #85

```
L A N D S L I D E A M T
E U P H O N I O U S A G
L Z F N O M I A D W N O
L C I L O H O C L A N G
A U M O A R S H T R I G
H T P E R N I E G M S L
C L E S S E R D D A H E
S E R S R E H L I O U L
R R A O S E R S U R C D
I Y T D L A D I E S G D
K K O T O W W L F N H U
E R R A Z I B N A E T C
```

WORDS

ADDRESS	EUPHONIOUS	LANDSLIDE
ALCOHOLIC	FIRES	LUSH
ALDERS	FLAN	MANNISH
ASSET	GAUD	SAWN
ASWARM	GIRTHS	
BIZARRE	GOGGLE	
CODES	GRIDIRON	
CUDDLE	HALLEL	
CUTLERY	HEROIZE	
DAIMON	IMPERATOR	
DOSS	KIRSCH	
ENS	KOTOW	
	LADIES	

Puzzle #86

```
D A L L I E S A E E R F
E P P U A E V O F P E L
V O U P S S U I N E G I
A L T K E T I G T R A N
S O E A C A E A O I D C
T G G U B A R R R L S H
A Y R R R A B A O P C B
T E U I E G W I N M P E
I M M U T A B L E C P A
O C O A T M S K E Y E M
N C U T I E E A T R B S
C I S A B S D A E R D T
```

WORDS

APOLOGY
APPEARANCE
APPRAISAL
BACKUP
BASIC
BAWLER
BEAMS
BITTER
BYE
COAT
CUT
DALLIES
DEVASTATION

DREADS
EASE
EAT
ECLOGUE
EGADS
FLINCH
FOVEA
FREE
GAMES
GENIUS
GETUP
GRUMOUS
ILKA
IMMUTABLE

KAURI
LUSTER
PERI
ROMP

Puzzle #87

```
C  A  L  L  A  S  U  O  E  D  I  H
H  R  E  E  D  A  L  L  A  B  A  G
U  I  F  E  R  U  L  E  S  U  U  H
T  D  F  M  U  S  K  Y  L  L  C  O
E  I  I  O  O  G  H  T  E  L  E  U
E  T  C  S  D  I  S  S  E  C  T  L
W  Y  A  E  A  R  X  A  O  O  D  B
S  R  C  L  X  D  N  A  Y  N  E  O
S  R  Y  O  L  E  A  U  N  N  A  L
D  E  E  H  E  R  G  G  S  I  N  E
A  B  S  W  E  P  B  E  E  T  S  T
F  R  I  E  N  D  L  I  N  E  S  S
```

WORDS

ADAGE	DEANS	NOSH
ANI	DEE	PEWS
ARIDITY	DISSECT	SWEET
AXIOM	EFFICACY	WHOLESOME
AXLE	FAD	
BALLADEER	FERULES	
BEETS	FRIENDLINESS	
BENS	GHOUL	
BERRY	GIRDER	
BOLE	GULES	
CALLAS	GUYOT	
CHUTE	HAUL	
CLEAN	HIDEOUS	
	MUSKY	

Puzzle #88

```
L A R G E C A R B U S T
A R E L B A P L A P M I
N M T I A R T S I D A A
I S I T L E S P W J F D
M A A C E V I A O F F D
I M W L E I L B A O I I
L E B E N L L J E Z C C
O N M A K E E S Z I K T
U I U N S D C U V D S R
P C D S A A R E V A G A
E A T E N B O H O C L T
Y L T S A L I M E Y T S
```

WORDS

ABRUZZI	COHO	LIMEY
ADDICT	COOPT	LIMINAL
AGAVE	DELIVER	LOUP
ARMS	DISTRAIT	MAFFICK
ASK	DUMBWAITER	SCANS
BALEEN	EATEN	START
BRACE	IMPALPABLE	
BUST	JAFFA	
CADIZ	JOBLESS	
CELLIST	LARGE	
CINEMAS	LASTLY	
CLEANS	LAV	
	LAW	

Puzzle #89

```
D  U  A  L  I  S  M  A  M  A  I  N
I  C  E  T  I  K  L  A  P  M  A  O
G  I  D  S  C  L  I  N  K  B  S  T
N  G  O  I  C  T  A  O  U  U  E  N
I  O  R  L  B  L  I  K  T  S  M  A
T  G  E  N  E  S  I  E  S  H  U  C
A  A  E  E  Z  R  F  N  Y  E  H  I
R  N  O  S  I  E  A  C  C  R  X  N
I  P  R  G  Q  W  U  O  A  R  E  O
E  Y  U  N  U  O  X  R  E  S  S  L
S  H  D  O  E  L  R  E  W  E  E  O
W  O  O  D  S  F  B  A  U  M  T  C
```

WORDS

ABUKIR	DIGNITARIES	GOAT
ALLCLEAR	DONGS	HYPNAGOGIC
AMAIN	DUALISM	KITE
AMBUSHER	DURO	KOI
BAUM	ELAN	LAP
BEER	ENCORE	WOODS
BEZIQUE	ENLIST	
CANTON	ERODE	
CASE	EWER	
CLINK	EXHUMES	
COLONIC	FAUX	
CYST	FETUS	
	FLOWERS	

Puzzle #90

```
B O A T S E R U T N E D
R E R A W N I T N O R F
O R F A N T A S I E D S
W I C A C C I W C A N S
S Y T I L A M R O N B A
N E K T T L E Y D N I H
W N L N L O S O R D Y H
O I O G U C M M S W H F
G A U F A H T E N R O H
O L T T F E C T D V R D
O E S E R O F I E L S E
D D O P I B B A S P E T
```

WORDS
ABNORMALITY
ASP
ASS
BEFALLS
BIPOD
BOATS
BOFFO
BROWS
CANS
CATS
CHUNKY
DELAINE
DEMOTIC

DENTURES
DOC
DOWRY
EAGLES
ELSE
FANTASIED
FORE
FOVEA
FRONT
GOOD
GOWNS
HIND
HORNET
HORSE

HYDROSOL
IRE
ITEM
LOUTS
TINWARE
WICCA

Puzzle #91

```
A  C  T  R  A  M  W  A  Y  O  U  B
T  P  A  W  A  K  E  N  I  N  G  R
L  I  P  T  N  A  T  L  U  X  E  U
E  A  U  A  C  O  L  T  I  S  H  M
D  V  W  R  L  H  T  E  B  L  A  E
I  E  L  S  B  L  A  D  S  O  R  B
O  N  T  O  O  E  E  L  D  D  I  F
R  G  W  R  V  N  Y  D  L  A  D  R
D  E  H  O  M  E  B  O  D  Y  U  E
N  R  F  V  L  U  J  U  J  E  P  E
A  R  R  A  B  B  J  A  I  N  L  S
S  N  A  F  C  S  B  E  I  G  E  T
```

WORDS

ACT	BLOWN	FANS
ADSORB	BRUIT	FAVOR
ANDROID	BRUME	FIDDLE
APPALLED	BUOY	FREES
AVENGER	CAFE	HOMEBODY
AWAKENING	CATCHALL	JAIN
AYE	COLTISH	JUJU
BARRA	DELTA	LAWSON
BEIGE	DUPLE	TRAMWAY
BETH	ENJOY	
BLAE	EVOLVE	
	EXULTANT	

Puzzle #92

```
H  A  U  L  U  F  T  S  U  L  E  V
A  K  I  A  L  A  L  A  B  L  G  S
U  G  N  I  R  T  S  W  O  B  G  N
T  T  N  I  M  P  C  C  O  N  W  U
L  T  M  I  E  O  A  A  I  A  H  A
U  E  O  R  D  R  S  M  M  O  I  F
S  G  N  P  A  N  M  I  C  B  T  C
T  E  E  C  T  E  E  K  R  E  E  E
I  B  A  F  L  O  G  T  S  H  S  R
U  S  D  O  O  G  H  S  E  O  C  G
R  H  O  M  E  B  O  D  Y  R  R  O
F  C  A  B  O  C  H  O  N  T  P  T
```

WORDS

BALALAIKA	FAUNS	LUSTFUL
BEGET	FLOG	OGRE
BOWSTRING	FRUIT	PRETENDING
CABOCHON	GOODS	RIMES
CAMBER	HAUL	SORT
CARACAS	HAUT	
CARACOLE	HOCK	
CHRISOM	HOMEBODY	
CIAO	HOTPOT	
COSSET	IMP	
EGGWHITE	LEMMINGS	
ERNE	LEV	
	LUST	

Puzzle #93

```
C U R I O C A R I O C A
O O F E L B A D D I B F
U F O G B O U N D T L L
R R O P A M G R T A A A
T A Z S B R E H G E X Z
E G L E A D D M A E R E
O M E N I C E U E N R S
U E X C A V A T O R A N
S N I B B O B D T U O I
L T A U N T S G E I S S
Y L A N I F A E L M M T
D E P M U J E N D S Y E
```

WORDS

ACADEMY	ENDS	REMEMBER
ARDUOUS	EXCAVATOR	SINS
AUNT	FINAL	
BALD	FLAG	
BIDDABLE	FOGBOUND	
BOBBIN	FOOZLE	
BURGER	FRAGMENT	
CANTERS	GEN	
CARIOCA	GHANA	
CINE	HERBS	
COOP	JUMPED	
COURTEOUSLY	LAX	
CURIO	LAZES	
EMITTED	LEAF	
	LION	

Puzzle #94

```
B  A  R  N  A  C  L  E  V  E  B  S
O  Z  E  X  C  I  T  E  L  O  S  U
T  U  N  X  E  R  U  A  G  O  E  L
H  R  O  O  C  F  O  I  S  T  H  U
E  I  I  T  I  E  D  U  N  K  C  M
R  T  S  T  P  T  R  R  P  N  N  U
E  E  S  E  S  T  E  P  E  E  I  C
D  L  I  H  O  D  S  R  T  W  H  O
E  V  M  G  H  G  H  S  C  O  U  R
N  E  M  O  N  G  O  C  I  N  G  R
T  R  O  F  F  E  D  R  I  P  O  I
E  S  C  U  T  C  H  E  O  N  T  C
```

WORDS

AZURITE	ELVER	EFFORT
BARNACLE	ESCUTCHEON	
BOG	EVE	
BOTHERED	EXCERPT	
CHOIR	EXCITE	
CIRROCUMULUS	FOIST	
COGNOMEN	GAUR	
COMMISSIONER	GHETTO	
CONCRETION	GOES	
CROUP	HODS	
DOHS	HOLE	
DREW	HOSPICE	
DRIP	HUG	
DUNK	INCHES	
	OWEN	

Puzzle #95

```
A  M  M  O  N  I  F  Y  N  N  E  B
N  E  D  R  U  B  S  I  D  I  O  S
G  N  M  C  F  I  G  M  E  N  T  E
R  R  E  B  O  A  T  S  K  L  S  S
Y  A  N  T  E  U  I  T  C  A  Y  S
E  G  G  E  A  L  R  R  K  Y  A  E
N  E  O  L  A  E  L  T  L  S  L  R
T  S  R  E  X  A  D  I  I  Y  E  U
U  O  G  R  O  F  G  I  S  N  D  D
H  S  E  I  V  N  E  O  S  H  G  D
C  Y  S  W  O  T  S  E  B  A  D  T
E  Q  U  I  D  I  S  T  A  N  T  T
```

WORDS

ALOE	DELAYS	FORGO
AMMONIFY	DESK	IDEATE
ANGRY	DISBURDEN	INLAY
AXERS	DURESSES	KNOB
BAD	EBOATS	
BENNY	EMBELLISH	
BESTOWS	ENGORGES	
BOG	ENRAGES	
CAYS	ENVIES	
CHUTNEY	EQUIDISTANT	
COURTING	EYER	
DDT	FAIRLY	
	FIGMENT	

Puzzle #96

```
G  I  L  D  E  L  I  V  E  R  E  D
N  R  N  I  A  T  P  A  C  A  D  T
I  A  I  F  E  D  L  T  B  I  I  S
T  I  T  M  L  M  I  A  S  R  S  I
C  S  S  E  N  A  T  E  I  A  E  L
E  P  H  D  G  E  M  P  O  D  G  A
T  M  E  U  E  B  S  M  H  C  N  N
E  A  L  F  O  N  E  S  A  O  A  N
D  L  O  D  I  L  N  V  R  B  G  A
Y  C  I  G  E  N  Y  A  E  I  L  S
F  E  A  T  U  R  E  N  C  A  G  E
S  S  A  C  R  A  C  D  L  E  G  T
```

WORDS
ABATE
AIM
ANNALIST
CANNED
CAPTAIN
CARCASS
CAVY
COBIA
DELIVERED
DETECTING
DISEMBODIES
ECLAMPSIA
ENCAGE
FEATURE
FINED
GANGES
GAST
GELD
GILD
GOA
GRIMNESS
GULLY
HARE
HELD
INFLAMMABLE
INSPIRIT
ITEMS
LAID
OMELET

Puzzle #97

```
D  A  R  K  N  E  S  S  K  W  A  H
E  R  U  S  O  L  C  N  E  R  T  A
S  G  E  B  U  N  A  D  O  A  S  L
E  T  N  T  L  T  E  M  O  B  I  F
R  W  E  I  T  I  A  L  O  A  H  D
T  E  H  S  R  E  M  C  G  T  C  O
E  L  C  E  U  F  B  E  U  E  E  Z
O  F  A  R  L  I  C  H  Y  D  T  E
K  F  C  U  E  K  S  O  T  L  A  N
C  C  S  S  O  A  S  E  E  D  C  O
A  Y  T  S  U  F  N  G  I  E  D  V
J  E  G  A  C  H  C  T  E  K  T  A
```

WORDS

ABATED	COBS	HALFDOZEN
ACCRUE	DANUBE	HAWKS
ALTOS	DARKNESS	JACKO
AROMA	DEIGN	KETCH
ASSURES	DESERT	LICH
AVON	DUCAT	LOATH
BETTER	ELF	RECREANT
BLIMEY	ENCLOSURE	SEED
CACHE	FAERIE	WHELKS
CAGE	FRINGE	
CATECHIST	FUSTY	
	GECKO	

Puzzle #98

```
U  J  S  E  L  E  D  G  E  R  H  T
E  N  U  T  T  A  R  U  S  E  A  C
L  E  D  N  N  A  M  I  C  K  Y  E
I  E  R  I  O  A  G  I  N  E  A  L
D  W  N  O  R  G  S  O  N  K  L  T
E  O  I  R  S  E  E  A  R  A  S  L
D  L  A  E  O  I  C  R  E  R  S  U
I  L  U  L  F  C  O  T  O  P  A  A
T  A  Q  O  T  F  G  N  E  F  W  F
O  H  N  E  V  O  B  A  L  D  E  R
R  T  I  H  C  O  S  H  S  E  L  F
S  K  C  U  G  L  H  E  A  P  F  T
```

WORDS

ABOVE
ALTOS
ANIMAL
ARROGATE
ATTUNE
AYAH
BALDER
CAESURA
CELL
CELT
CHIT
CINQUAIN

CORNEL
EDITORS
ELIDED
EROSION
FAULT
FLESH
FLEW
FONTS
FOOL
FOREGO
GASP
GUCK
HALLOWEEN

HEAP
ICKY
JUNO
LEDGER
PEASANTS
RINKS
UNDIRECTED

Puzzle #99

```
H  A  G  B  O  R  N  I  K  A  H  A
A  L  B  I  O  N  A  M  T  O  O  F
S  R  O  R  E  P  M  E  G  A  R  T
N  O  I  T  A  R  A  L  I  H  X  E
T  N  E  C  S  E  R  C  X  E  G  R
E  G  R  A  H  C  R  E  D  N  U  S
I  A  T  C  D  E  S  I  I  A  K  H
U  Z  R  E  S  E  V  D  S  T  C  A
Q  E  R  L  U  A  D  O  S  I  I  V
S  M  O  L  I  E  S  S  B  P  R  E
I  P  B  S  B  E  T  S  O  C  C  A
D  E  X  P  L  O  R  E  R  E  C  T
```

WORDS

ACCOST	EMPERORS	DOSS
ACTS	EXCRESCENT	EARLIER
AFTERSHAVE	EXHILARATION	
AKIN	EXPLORE	
ALBION	FOOTMAN	
BEDDING	GAR	
BLUES	GAZE	
CELLS	HAGBORN	
CERE	HASNT	
CRICK	HOG	
DERM	PITA	
DISQUIET	ROBS	
DIVA	SLOP	
	UNDERCHARGE	

Puzzle #100

```
G  I  L  D  E  D  I  O  L  C  Y  C
N  L  U  F  T  I  E  C  N  O  C  O
I  L  E  N  O  L  O  C  B  T  A  T
T  U  N  X  A  B  R  U  T  A  L  T
C  S  J  C  I  T  S  A  L  P  L  I
I  T  O  G  B  L  H  T  B  T  E  D
V  R  I  L  R  O  E  E  I  L  Y  K
E  A  N  I  I  L  O  S  N  Y  F  C
E  T  S  A  E  D  O  T  S  S  A  A
C  O  N  S  T  I  T  U  E  N  C  Y
A  R  I  S  T  O  T  L  E  E  E  K
D  U  R  A  N  C  E  C  I  E  D  T
```

WORDS	CYCLOID	CONSTITUENCY
ALLEY	DEICE	
APTLY	DITTO	
ARISTOTLE	DURANCE	
ASSAIL	ENJOINS	
ATHENS	EVICTING	
BALD	EXILES	
BIG	FACED	
BIN	GILDED	
BOOTEE	ILLUSTRATOR	
BRIE	KYACK	
BRUTAL	LET	
COLONEL	ODE	
CONCEITFUL	PLASTIC	

SOLUTIONS

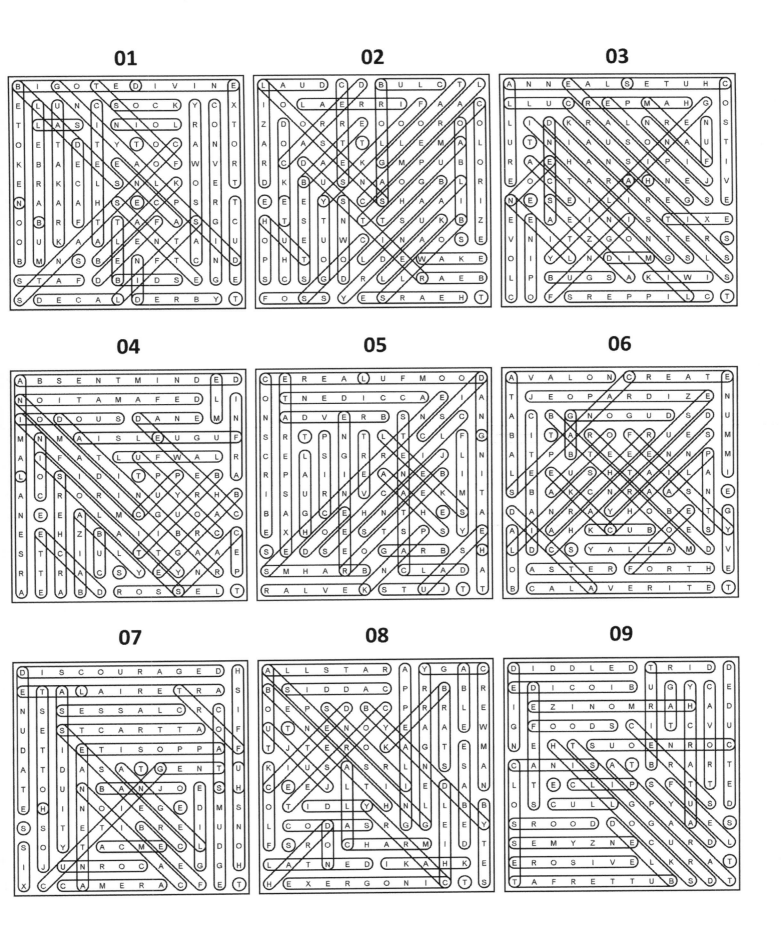

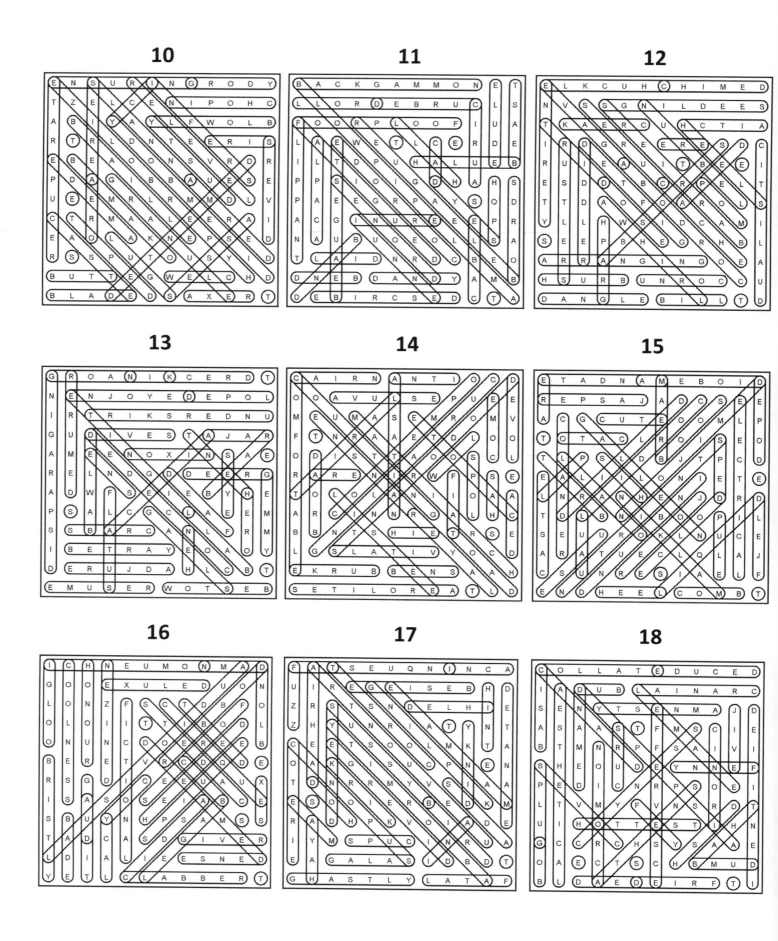

19

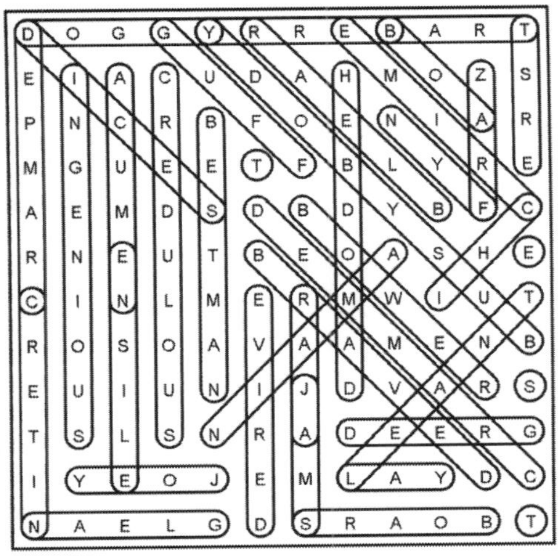

20

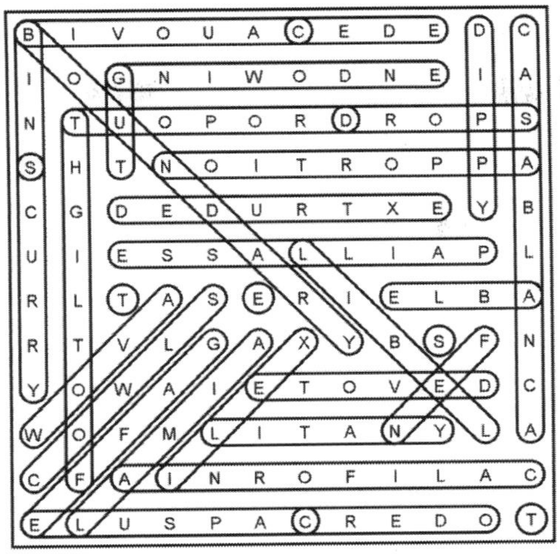

21

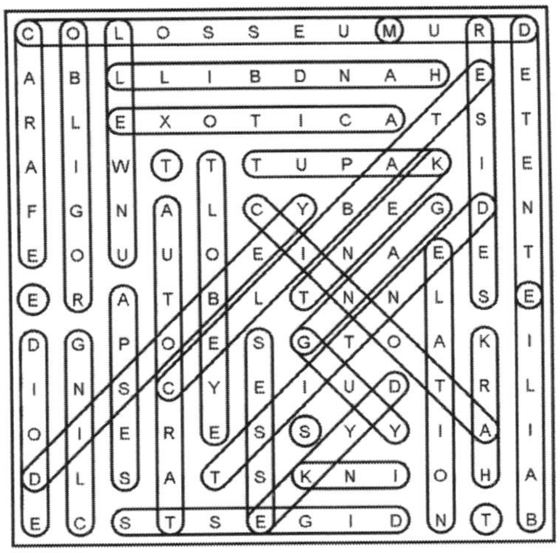

22

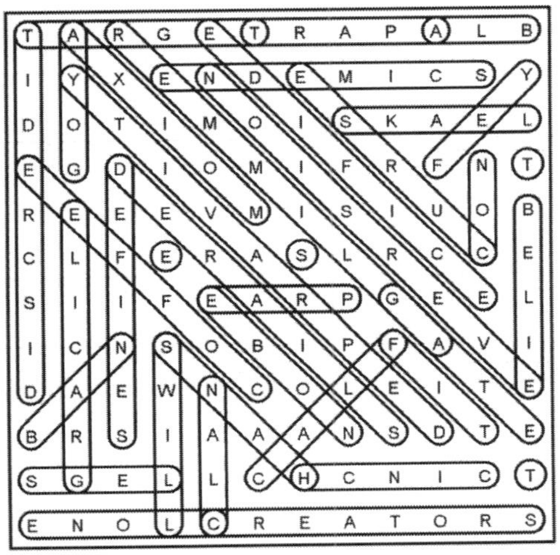

23

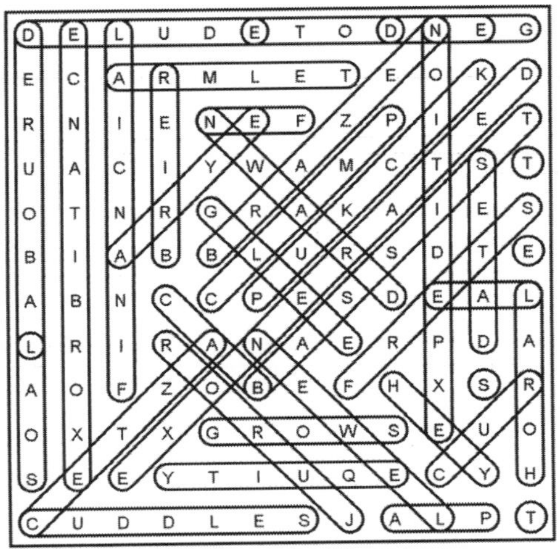

24

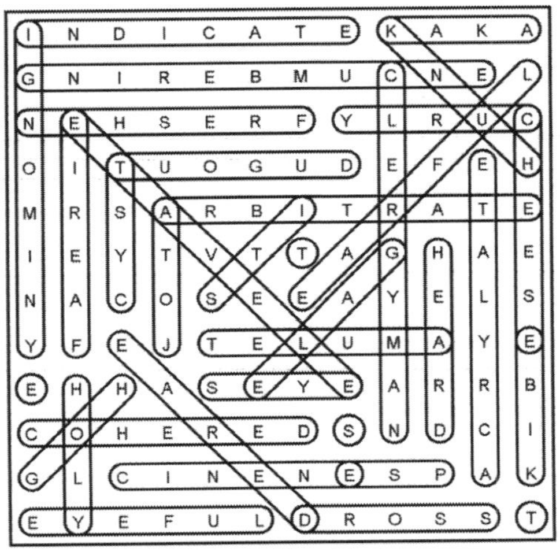

25

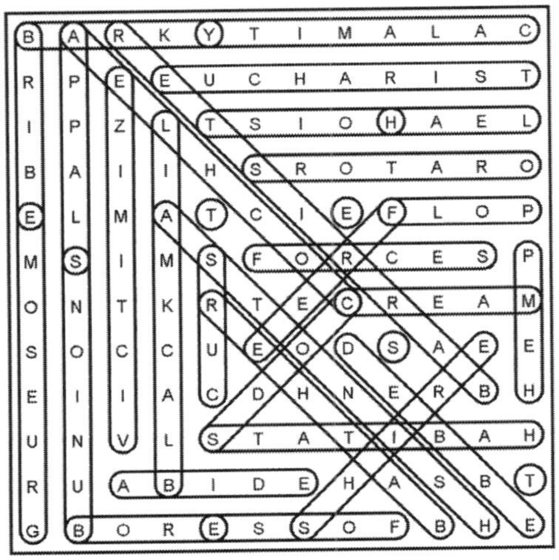

26

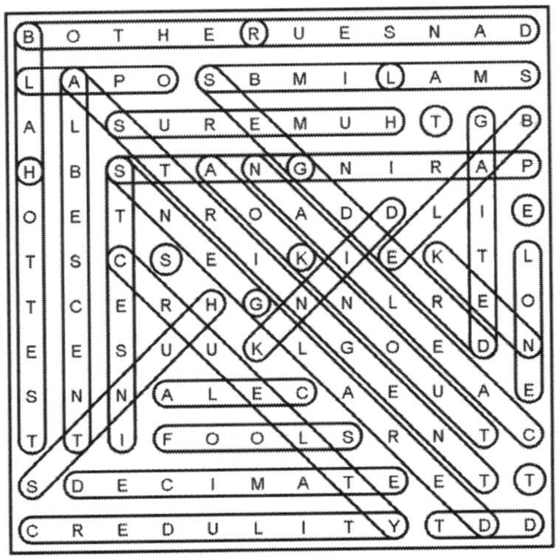

27

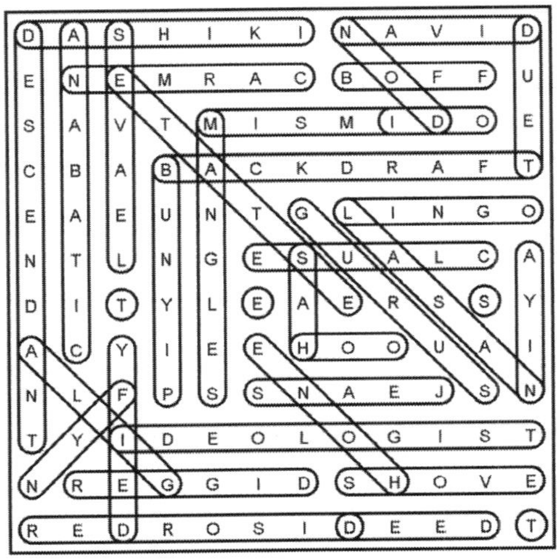

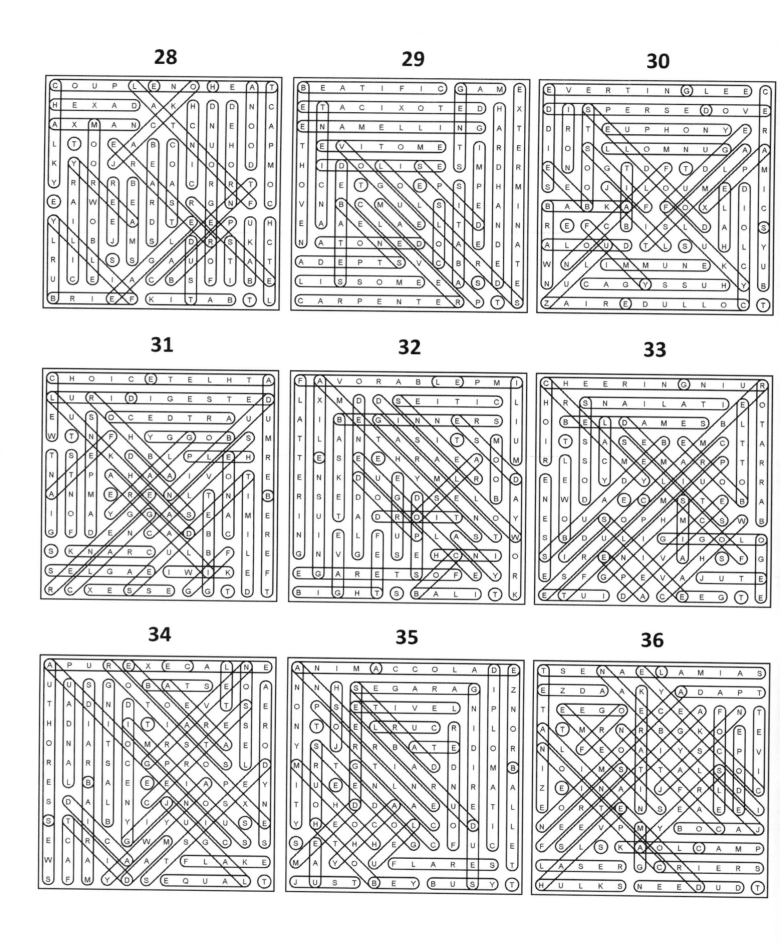

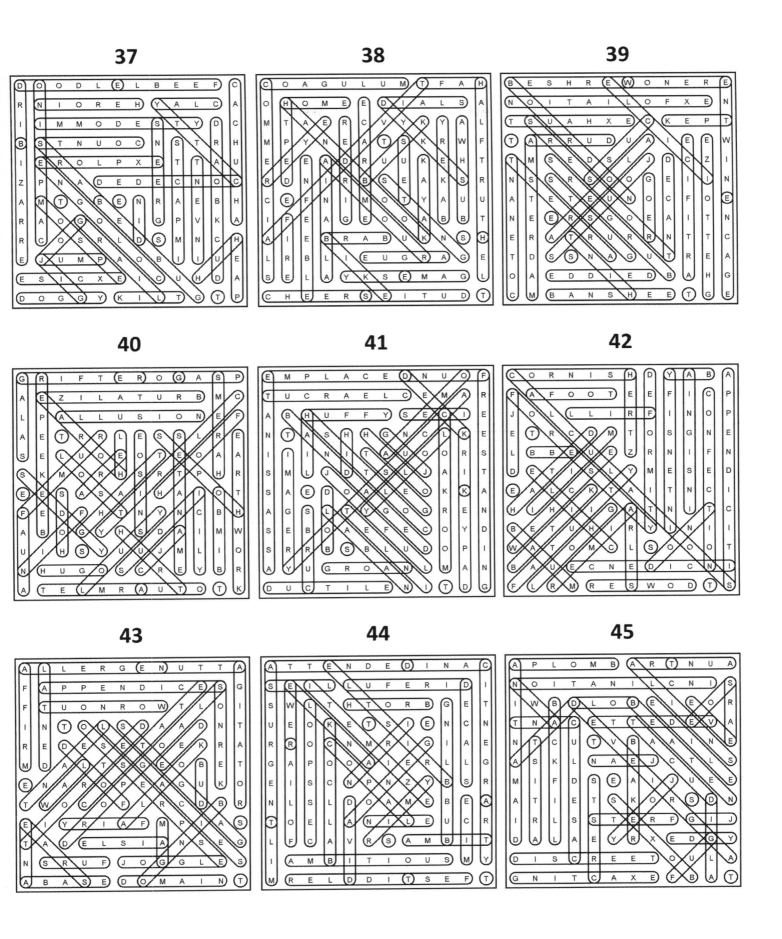

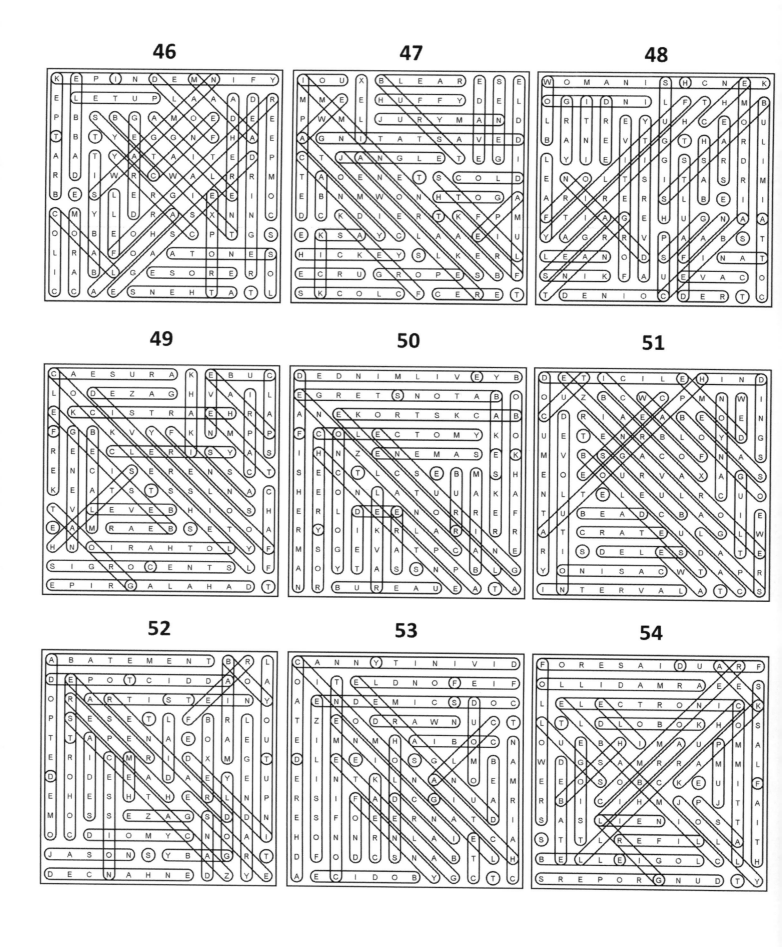

55

56

57

58

59

60

61

62

63

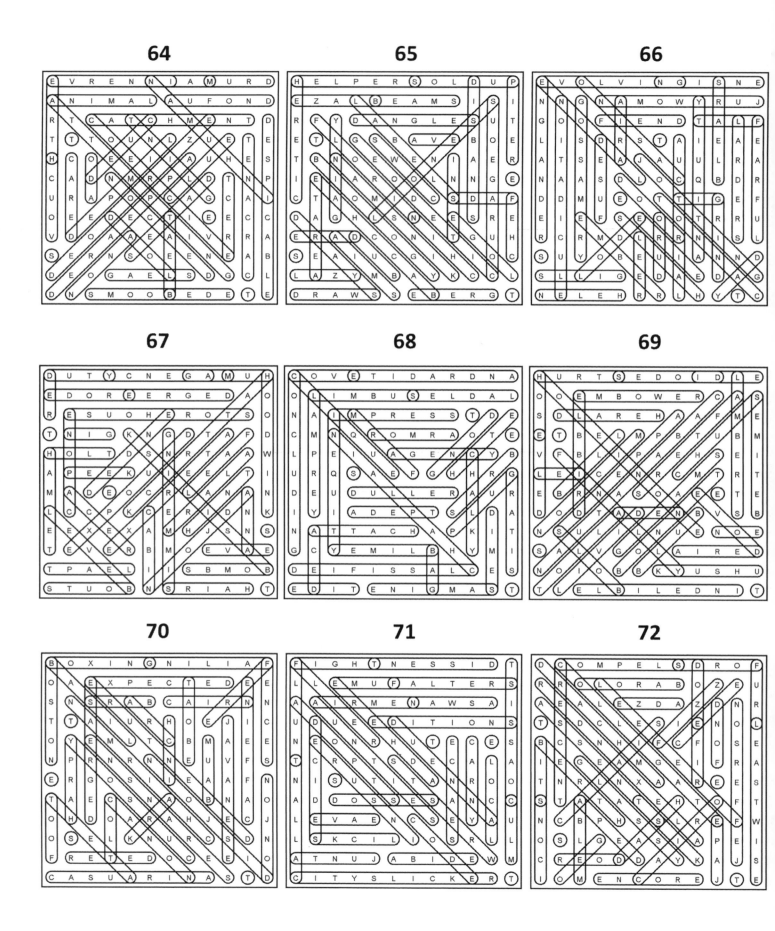

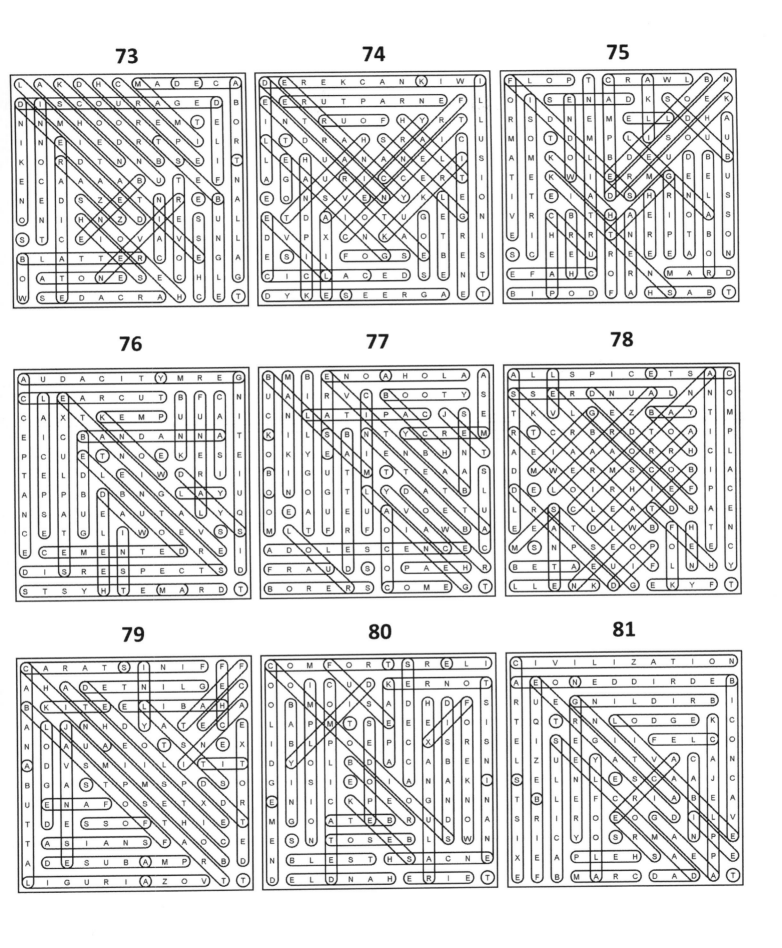

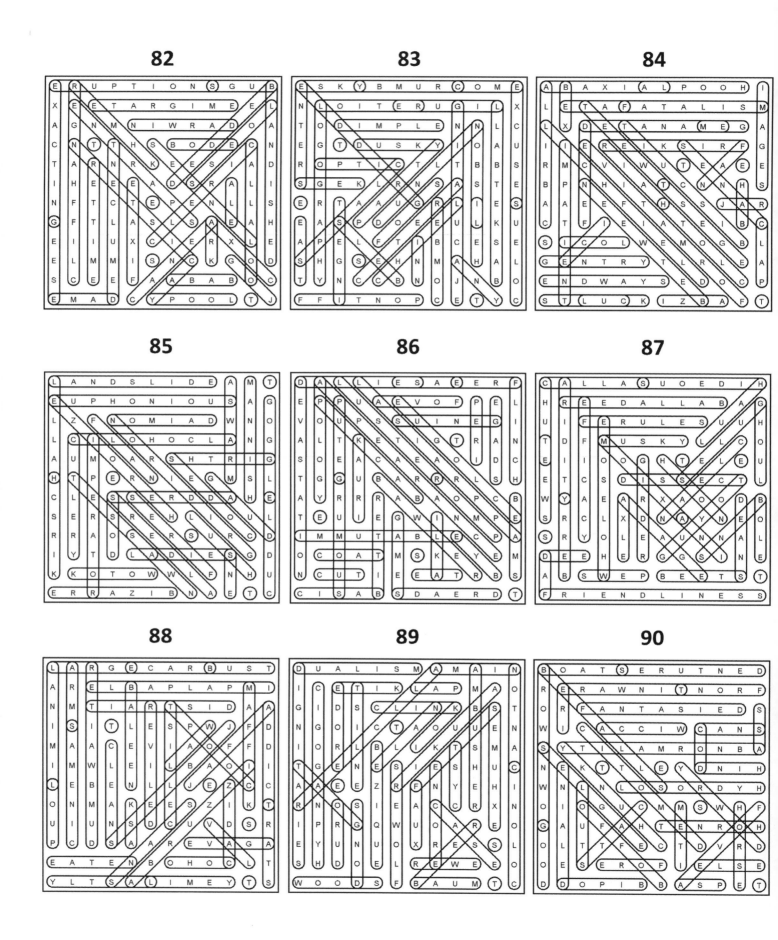

82

83

84

85

86

87

88

89

90

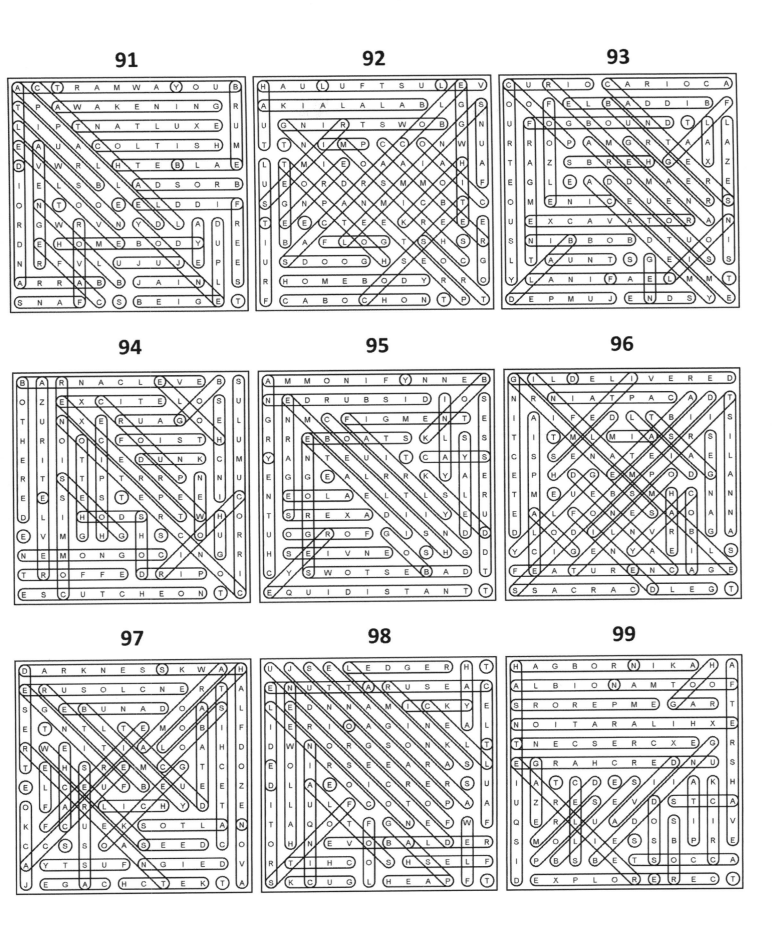

100

```
G  I  L  D  E  D  I  O  L  C  Y  C  O
N  L  U  F  T  I  E  C  N  O  C     O
I  L  E  N  O  L  O  C  B  T  A     T
T  U  N  X  A  B  R  U  T  A  L     I
C  S  J  C  I  T  S  A  L  P  L     D
I  T  O  G  B  L  H  T  B  T  E     D
V  R  I  L  R  O  E  E  I  L  Y     K
E  A  L  I  L  O  S  N  Y     F     C
E  T  S  A  E  D  O  T  S  S  A     A
C  O  N  S  T  I  T  U  E  N  C  Y
A  R  I  S  T  O  T  L  E  E  E     K
D  U  R  A  N  C  E  C  I  E  D     T
```

Printed in Great Britain
by Amazon

15494220R00066